NCS기반
항공객실서비스

비행 중·착륙 전 서비스

NCS Aircraft Cabin Service: In-flight & Pre-landing Service

Yim Yeon Kyoung

ISBN-13: 978-89-6218-500-3

Cengage Learning Korea Ltd.
14F YTN Newsquare 76 Sangamsan-ro
Mapo-gu Seoul 03926 Korea
Tel: (82) 2 330 7000
Fax: (82) 2 330 7001

Cengage Learning is a leading provider of customized learning solutions with office locations around the globe, including Singapore, the United Kingdom, Australia, Mexico, Brazil, and Japan.
Locate your local office at: **www.cengage.com**

Cengage Learning products are represented in Canada by Nelson Education, Ltd.

To learn more about Cengage Learning Solutions, visit **www.cengageasia.com**

photo credit
cover © jeremietardieu / 500px via Getty Images

Printed in Korea
Print Number: 01 Print Year: 2021

NCS기반
항공객실서비스

비행 중·착륙 전 서비스

In-flight & Pre-landing Service

임연경 지음

CENGAGE

Andover • Melbourne • Mexico City • Stamford, CT • Toronto • Hong Kong • New Delhi • Seoul • Singapore • Tokyo

임연경
현) 제주관광대학교 항공서비스과 초빙교수
현) 한국항공객실안전협회 제주지부장
인하공업전문대학 항공운항과 졸업
세종대학교 호텔관광경영학과 석사
제주대학교 관광개발학과 박사수료
대한항공 객실승무원 12년 근무
대한항공 웹사이트 모델

(NCS기반 항공객실서비스)

비행 중·착륙 전 서비스

초판 1쇄 인쇄 | 2021년 5월 14일
초판 1쇄 발행 | 2021년 5월 20일

지은이 | 임연경
발행인 | 송성헌
발행처 | 센게이지러닝코리아㈜
등록번호 | 제313-2007-000074호(2007.3.19.)
주　소 | 서울시 마포구 상암산로 76 YTN 뉴스퀘어 14층
전　화 | 02) 330-7000
이메일 | asia.infokorea@cengage.com
홈페이지 | www.cengage.co.kr

ISBN-13: 978-89-6218-500-3

정가 20,900원

머리말

이 교재는 필자가 항공운항과를 졸업하고 객실 승무원으로 12년간 근무한 후, 현재 제주 소재의 대학교 항공 서비스과에서 학생들을 지도하는 과정에서, 과연 객실 승무원이 되고자 준비하는 학생들에게 꼭 필요한 교재가 무엇일까 하는 오랜 고민에서 집필하게 되었다.

객실 승무원 취업을 준비하는 항공서비스과 학생들은 보다 생생하고 현장감 있는 기내 상황에서 제반 지식과 능력을 학습하고 싶어하지만, 아무리 훌륭한 교내 항공실습실이 있다고 해도 실제 기내 환경이나 기자재를 보유하는 데는 한계가 있다. 따라서 이를 극복할 수 있는 것은 내용이 충실한 교재뿐임을 실감하게 되었다.

또한 항공서비스과를 전공하지 않은 일반학과의 취업 준비생의 경우에는 객실 승무원 업무에 대한 정보가 부족하므로, 이러한 문제를 극복하기에 이 교재는 더더욱 도움이 될 것이다.

현재 거의 모든 대학의 항공 서비스과에서는 NCS(National Competency Standards, 국가직무능력표준)를 기반으로 한 교육과정을 운영하고 있다. 'NCS 항공 객실 서비스'는 '기내 안전관리', '승객 탑승 전 준비', '승객 탑승 및 이륙 전 서비스', '비행 중 서비스', '착륙 전 서비스', '착륙 후 서비스', '승객 하기 후 관리', '응급환자 대처', '객실 승무 관리' 등 서비스 절차에 따라 나누어져 있으며, 그에 따른 수행 능력을 평가함으로써 실무 중심의 교육을 목표로 한다. 그러나 NCS 능력 단위를 기반으로 한 체계적인 교재가 드문 실정이어서, 필자는 'NCS 항공 객실 서비스'를 능력 단위별로 구분하여 정리하였다.

이 교재는 '비행 중 서비스'와 '착륙 전 서비스' 두 개의 능력 단위로 구성되었으며, 항공기가 이륙한 후 본격적으로 기내 서비스가 시작되는 시점부터 기내 서비스가 끝나고 착륙이 시작되는 직전까지의 서비스 절차에 관하여 다룬다. 학습하기 전에 반드시 수행 준거를 먼저 살펴본 후, 본문으로 들어가기를 권한다. 학습 후에는 본문의 중요한 내용을 정리하고 다음 장으로 넘어갈 수 있도록, 각 장 뒷부분에 점검 단계 '잠깐! 점검해 볼까요?'를 넣어 구성하였다.

비행의 꽃이라 불리는 기내 서비스에 관한 전반적인 내용을 다루고 있으므로 조금 더 재미있게 학습할 수 있을 것이라 생각된다.

아무쪼록 이 교재를 채택한 모든 교수자나 학생이 보다 쉽게 NCS를 기반으로 한 '비행 중 서비스', '착륙 전 서비스'를 이해하고 활용할 수 있기를 기대하며, 항공서비스과를 전공하는 학생이나 객실 승무원을 준비하는 취업 준비생의 항공 지식 함양에 실질적인 도움이 되길 바란다.

이 교재가 출판되기까지 오랜 시간 검토 및 편집을 도와주신 센게이지러닝코리아㈜에 감사드린다.

2021년 봄

임연경

차례

CHAPTER 2

기내식 이해하기

Understanding of
In-flight Meal

CHAPTER 3

기내 오락물 제공하기

Providing In-flight Entertainment

CHAPTER 4

면세품 판매하기

Sales of Duty-free Goods

CHAPTER 5
객실 상태 점검하기
Inspecting Cabin Conditions

PART 2
착륙 전 서비스
Pre-landing Service

CHAPTER 6
입국서류 배포 및 작성 지원하기
Distributing Immigration Documents and Supporting Passengers

CHAPTER 8

기내 서비스 용품 및 면세품 재고 확인하기

Checking the Inventory of In-flight and Duty-free Items

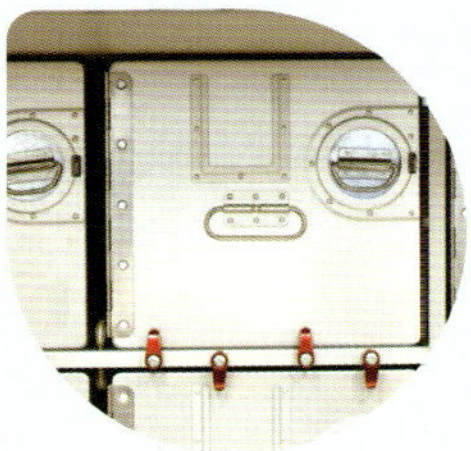

CHAPTER 9

목적지 도착 안내 방송

Public Announcement to Inform Arrival

국가직무능력표준(NCS)

1. NCS 개념

국가직무능력표준(NCS: National Competency Standards)이란 산업현장에서 직무를 수행하기 위해 요구되는 지식, 기술, 소양 등의 내용을 국가가 산업부문별, 수준별로 체계화한 것으로 산업현장의 직무를 성공적으로 수행하기 위해 필요한 능력(지식, 기술, 태도)을 국가적 차원에서 표준화한 것을 의미한다.

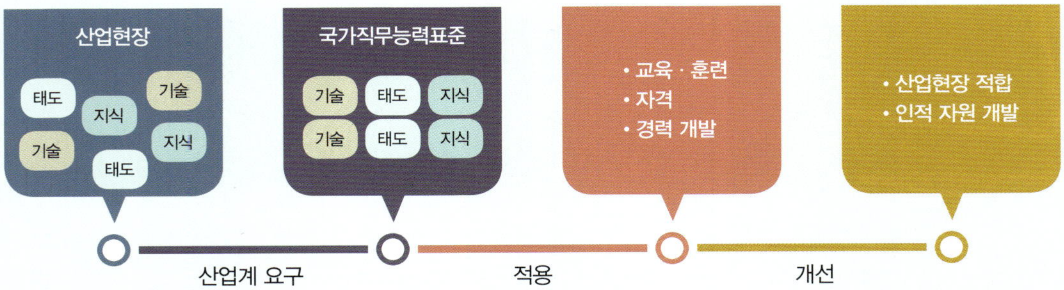

국가직무능력표준 개념도

2. 직무 능력

- 현업에서 요구하는 필수 실무 능력
- 직업인으로서 기본적으로 갖추어야 할 공통 능력
- 해당 직무를 수행하는 데 필요한 역량(지식, 기술, 태도)

이렇게 달라졌어요!
보다 효율적이고 현실적인 대안 마련

1. 실무 중심의 교육 · 훈련과정 개편
2. 국가 자격의 종목 신설 및 재설계
3. 산업현장 직무에 맞게 자격시험 전면 개편
4. NCS 채용을 통한 기업의 능력 중심 인사관리 및 근로자 평생 경력 개발 관리 지원

3. NCS 필요성

능력 있는 인재를 개발해 핵심 인프라를 구축하고, 나아가 국가 경쟁력을 향상시키기 위해 국가직무능력표준이 필요하다.

- 기업은 직무분석 자료, 인적 자원 관리 도구, 인적 자원 개발 프로그램, 특화자격 신설, 일자리 정보 제공 등을 원한다.
- 기업교육훈련기관은 산업현장의 요구에 맞는 맞춤형 교육 · 훈련 과정을 개설하여 운영하기를 원한다.

현행

- 직업교육 · 훈련 및 자격제도가 산업현장과 불일치
- 인적 자원의 비효율적 관리 운용

국가직무능력표준 →

개선 후

- 각각 따로 운영되었던 교육 · 훈련, 국가직무능력표준 중심 시스템으로 전환(일 · 교육 · 훈련 · 자격 연계)
- 산업현장 직무 중심의 인적 자원 개발
- 능력 중심 사회 구현을 위한 핵심 인프라 구축
- 고용과 평생 직업능력 개발 연계를 통한 국가 경쟁력 향상

4. 추진 경과

2002

일 · 교육 · 훈련 · 자격을 연계하기 위해 국가직무능력표준 제도 도입

2010

국가직무능력표준의 효율화 추진에 대해 국가정책조정회의 조정

- NCS 명칭 통일 및 개발 주체 일원화(고용노동부, 한국산업인력공단)
- NCS 연구 및 교육과정 지원(교육부, 한국직업능력개발원)

2013

'능력중심사회를 위한 여건 조성' 핵심 국정과제 확정

5. NCS 활용범위

국가직무능력표준은 기업체, 직업교육훈련기관, 자격시험기관에서 활용한다.

기업체(Corporation)	교육훈련기관(Education and Training)	자격시험기관(Qualification)
• 현장 수요 기반의 인력채용 및 인사관리 기준 • 근로자 경력 개발 • 직무기술서	• 직업교육훈련과정 개발 • 교수계획 및 매체, 교재 개발 • 훈련기준 개발	• 자격 종목의 신설통합폐지 • 출제기준 개발 및 개정 • 시험 문항 및 평가방법

인용 출처: NCS 홈페이지(https://www.ncs.go.kr)

NCS 항공 객실 서비스 직무

1. 직무 정의

항공 객실 서비스란 객실 안전관리, 승객 탑승 전 준비, 승객 탑승 서비스, 이륙 전 서비스, 비행 중 서비스, 착륙 전 서비스, 착륙 후 서비스, 승객 하기 후 관리, 응급환자 대처, 객실 승무 관리를 하는 일이다.

2. 능력 단위

순번	능력 단위	순번	능력 단위
1	기내 안전관리	8	응급환자 대처
2	승객 탑승 전 준비	9	객실 승무 관리
3	승객 탑승 및 이륙 전 서비스	10	기내 음료 서비스
4	비행 중 서비스	11	항공 서비스 업무 기본
5	착륙 전 서비스	12	항공 기내 방송 업무
6	착륙 후 서비스	13	고객만족 서비스
7	승객 하기 후 관리	14	항공 서비스 매너

3. 능력 단위별 능력 단위 요소

<table>
<tr><th>분류 번호</th><th>능력 단위</th><th>수준</th><th>능력 단위 요소</th></tr>
<tr><td rowspan="6">1203010501_15v2</td><td rowspan="6">기내 안전관리</td><td rowspan="6">3</td><td>승객 탑승 전 안전 · 보안 점검하기</td></tr>
<tr><td>항공기 이 · 착륙 전 안전 · 보안 관리하기</td></tr>
<tr><td>비행 중 안전 · 보안 관리하기</td></tr>
<tr><td>착륙 후 안전 · 보안 점검 · 관리하기</td></tr>
<tr><td>비상사태 발생 시 대응하기</td></tr>
<tr><td>상황별 안전안내 방송하기</td></tr>
<tr><td rowspan="3">1203010502_13v1</td><td rowspan="3">승객 탑승 전 준비</td><td rowspan="3">3</td><td>기내 서비스 용품 점검하기</td></tr>
<tr><td>서비스 설비 및 기물 점검하기</td></tr>
<tr><td>특별 서비스 요청사항 점검하기</td></tr>
<tr><td rowspan="6">1203010503_16v2</td><td rowspan="6">승객 탑승 및 이륙 전 서비스</td><td rowspan="6">3</td><td>탑승 위치 대기하기</td></tr>
<tr><td>탑승권 재확인하기</td></tr>
<tr><td>좌석 안내하기</td></tr>
<tr><td>수하물 정리 지원하기</td></tr>
<tr><td>특수 고객 지원하기</td></tr>
<tr><td>탑승 환영 안내 방송하기</td></tr>
<tr><td rowspan="5">1203010504_13v1</td><td rowspan="5">비행 중 서비스</td><td rowspan="5">3</td><td>기내 음료 제공하기</td></tr>
<tr><td>기내식 제공하기</td></tr>
<tr><td>기내 오락물 제공하기</td></tr>
<tr><td>면세품 판매하기</td></tr>
<tr><td>객실 상태 점검하기</td></tr>
<tr><td rowspan="4">1203010505_16v2</td><td rowspan="4">착륙 전 서비스</td><td rowspan="4">3</td><td>입국 서류 배포 및 작성 지원하기</td></tr>
<tr><td>기내 용품 회수하기</td></tr>
<tr><td>기내 서비스 용품 및 면세품 재고 확인하기</td></tr>
<tr><td>목적지 도착 안내 방송하기</td></tr>
<tr><td rowspan="3">1203010506_16v2</td><td rowspan="3">착륙 후 서비스</td><td rowspan="3">3</td><td>도착 안내 방송하기</td></tr>
<tr><td>승객 하기 지원하기</td></tr>
<tr><td>특수 고객 지원하기</td></tr>
<tr><td rowspan="4">1203010507_13v1</td><td rowspan="4">승객 하기 후 관리</td><td rowspan="4">3</td><td>유실물 점검하기</td></tr>
<tr><td>잔류 승객 점검하기</td></tr>
<tr><td>기내 설비 점검하기</td></tr>
<tr><td>기내 용품 인수 · 인계하기</td></tr>
</table>

분류 번호	능력 단위	수준	능력 단위 요소
1203010508_13v1	응급환자 대처	3	응급환자 발생 상황 파악 · 보고하기
			응급환자 초기 대응하기
			응급환자 후속 관리하기
			환자 대처 상황 기록하기
1203010509_16v2	객실 승무 관리	4	객실 승무원별 근무 배정하기
			운항 · 객실 간 정보 공유하기
			불만 승객 관리하기
			출 · 도착 서류 작성 · 관리하기
			객실 서비스 관리하기
1203010510_16v1	기내 음료 서비스	2	기내 음료 파악하기
			기내 음료 제공하기
1203010511_16v1	항공 서비스 업무 기본	2	항공 서비스 관련 서류 확인하기
			항공 여객 정보 확인하기
1203010512_16v1	항공 기내 방송 업무	3	항공 기내 방송 준비하기
			정상적 상황 방송하기
			비정상 상황 방송하기
			비상 상황 방송하기
1203010513_16v1	고객 만족 서비스	3	서비스 마인드 함양하기
			이미지 메이킹하기
			불만 고객 대처하기
1203010514_16v1	항공 서비스 매너	2	기본 매너 갖추기
			항공 서비스 매너 관리하기

4. 능력 단위: 비행 중 서비스

분류 번호: 1203010504_13v1
능력 단위 명칭: 비행 중 서비스
능력 단위 정의: 비행 중 서비스란 기내 음료 제공, 기내식 제공, 기내 오락물 제공, 면세품 판매, 객실 상태 점검을 수행하는 능력이다.

능력 단위 요소	수행 준거
1203010504_13v1.1 기내음료 제공하기	**1.1** 객실 서비스 규정에 따라, 비알콜 음료(Cold Beverage, Hot Beverage)에 관한 정보를 승객에게 전달할 수 있다. **1.2** 객실 서비스 규정에 따라, 다양한 칵테일 제조에 필요한 술의 종류와 첨가 음료에 관한 정보를 숙지하여, 제조할 수 있다. **1.3** 객실 서비스 규정에 따라, 다양한 와인에 관한 정보를 파악하여, 서비스 및 회수할 수 있다.
	【지식】 • 칵테일 제조 및 서비스 이해 • 알콜 · 비알콜 음료에 대한 지식 • 테이블 매너 이해 • 와인에 대한 지식(원산지, 특성, 어울리는 음식, 서비스 방법) • 원산지별 커피 종류와 로스팅 등 응용 방법 이해
	【기술】 • 칵테일 제조 능력 • 와인 서비스 능력 • 음료서비스 기물 사용 기술(머들러, 캐리어, 칵테일 종류에 따른 글라스 선정, 칵테일 픽, 코스터 등)
	【태도】 • 적극적 자세 유지 • 고객 특성에 대한 이해 노력
1203010504_13v1.2 기내식 제공하기	**2.1** 객실 서비스 규정에 따라, 기내에서 제공되는 식사를 위한 세팅(Setting) 및 데우기(Heating) 등을 수행할 수 있다. **2.2** 특별서비스요청서(SSR: Special Service Request)에 따라 특별식을 확인 후, 서비스 및 회수할 수 있다. **2.3** 객실 서비스 규정에 따라, 승객 선호를 확인하여, 테이블 매너에 따른 기내식을 서비스 및 회수할 수 있다.
	【지식】 • 테이블 매너 이해 • 고객 만족 서비스 이해 • 기내식 서비스를 위한 기물의 종류와 사용법 • 특별식 종류와 특성 이해

능력 단위 요소	수행 준거
1203010504_13v1.2 기내식 제공하기	【기술】 • 세련된 서비스 매너 기술 • 코스별 서비스 기술 • 세팅(Setting) 기술 • 데우기(Heating) 기술
	【태도】 • 세심한 태도 • 배려있는 태도 • 겸손한 태도 • 친절한 태도
1203010504_13v1.3 기내 오락물 제공하기	**3.1** 객실 서비스 규정에 따라, 기내에서 제공되는 오락물 상영을 위한 기내 시설물과 기물을 사용할 수 있다. **3.2** 객실 서비스 규정에 따라, 비행 중 서비스되는 상영물에 관한 종류와 내용을 고객에게 전달할 수 있다. **3.3** 객실 서비스 규정에 따라, 조명 및 객실상태를 점검하고, 오락물을 제공할 수 있다.
	【지식】 • 객실 오락설비(오디오, 비디오 등) 이해 • 객실 오락물에 관한 지식
	【기술】 • 오락설비 사용 기술 • 조명기기 조절 기술
	【태도】 • 배려있는 태도 • 적극적 자세 유지 • 친절한 태도
1203010504_13v1.4 면세품 판매하기	**4.1** 객실 서비스 규정에 따라, 면세품 판매를 위한 기본적인 상품을 세팅하고, 판매할 수 있다. **4.2** 객실 서비스 규정에 따라, 국가별 면세품 구매 한도에 관한 정보를 전달할 수 있다. **4.3** 객실 서비스 규정에 따라, 면세품 판매 전 · 후 재고파악 및 인수인계를 위한 서류를 정리할 수 있다.
	【지식】 • 국가별 면세 한도액 규정 이해 • 기내 면세품에 관한 정보 이해 • 객실 서비스 규정 이해
	【기술】 • 효율적인 판매를 위한 세팅 기술 • 신용카드 리더기 사용 기술 • 인수인계를 위한 행정 서류 정리 기술
	【태도】 • 세심한 태도 • 정확성 유지 • 친절한 태도

능력 단위 요소	수행 준거
1203010504_13v1.5 객실 상태 점검하기	**5.1** 객실 서비스 규정에 따라, 고객 서비스를 위해 객실 시설물을 수시로 점검하고, 조치를 할 수 있다. **5.2** 객실 서비스 규정에 따라 기내식 서비스 후 객실 통로 및 주변을 청결히 할 수 있다. **5.3** 객실 서비스 규정에 따라 승객의 쾌적한 여행을 위해 객실 내 온도 및 조명을 관리할 수 있다.
	【지식】 • 화장실 용품사용법 • 화장실 설비에 관한 지식 • 조리실(Galley) 내 기물 사용법 • 조리실(Galley) 내 용품에 관한 지식
	【기술】 • 조리실(Galley) 내 용품 정돈 기술 • 인수인계 용품의 확인과 정리 기술 • 객실 온도 및 조명 조절 기술
	【태도】 • 성실한 태도 • 청결함 유지

인용 출처: NCS 홈페이지(https://www.ncs.go.kr)

5. 능력 단위: 착륙 전 서비스

분류 번호: 1203010505_16v2
능력 단위 명칭: 착륙 전 서비스
능력 단위 정의: 착륙 전 서비스란 입국서류 배포 및 작성 지원, 기내서비스 용품 회수, 기내 서비스용품 및 면세품 재고 확인, 목적지 도착 안내방송을 수행하는 능력이다.

능력 단위 요소	수행 준거
1203010505_16v2.1 입국 서류 배포 및 작성 지원하기	**1.1** 객실 서비스 규정에 의해, 담당구역별 도착지 입국에 필요한 서류를 배포할 수 있다. **1.2** 객실 서비스 규정에 따라, 도착지 국가의 출입국 규정을 숙지하여 승객에게 정확히 안내할 수 있다. **1.3** 객실 서비스 규정에 따라 도착 전 입국에 필요한 서류의 작성 여부를 점검하고, 조치할 수 있다. **1.4** 객실 서비스 규정에 의해 특수 고객에게 필요한 서류 작성에 협조할 수 있다.
	【지식】 • 객실 서비스 규정 이해 • 국가별 출입국 규정에 대한 지식 • 국가별 입국 서류 작성법에 대한 지식 • 고객 특성
	【기술】 • 국가별 출입국 서류 작성기술 • 외국어 능력 • 문서작성 기술
	【태도】 • 고객지향적인 태도 • 관련 규정사항 준수 • 적극적인 태도 • 친절한 자세 • 정확성 유지
1203010505_16v2.2 기내 용품 회수하기	**2.1** 객실 서비스 규정에 의해, 서비스한 기내 용품과 회수된 기내 용품의 수량을 파악할 수 있다. **2.2** 객실 서비스 규정에 의해, 회수된 기내 용품의 상태를 확인하여, 상태별로 분리할 수 있다. **2.3** 객실 서비스 규정에 의해, 기내 용품 소지 승객에 대해 회수 안내할 수 있다.
	【지식】 • 객실 서비스 규정 • 기내 용품에 대한 지식
	【기술】 • 의사소통기술 • 기내용품 관리 기술

능력 단위 요소	수행 준거
1203010505_16v2.2 기내 용품 회수하기	【태도】 • 정확성 유지 • 친절한 태도 • 적극적인 태도
1203010505_16v2.3 기내 서비스 용품 및 면세품 재고 확인하기	**3.1** 객실 서비스 규정에 따라, 기내 판매 업무를 종료하고, 면세품 재고를 확인할 수 있다. **3.2** 객실 서비스 규정에 따라, 면세품에 대한 상태를 확인하여, 필요 조치를 취할 수 있다. **3.3** 객실 서비스 규정에 따라 서비스 종료 후, 서비스 용품 재고를 확인할 수 있다. **3.4** 객실 서비스 규정에 따라 하기 시 필요한 조치 사항과 교대팀에게 필요한 전달 상항을 기록할 수 있다.
	【지식】 • 객실 서비스 규정 이해 • 면세품에 대한 지식 • DB자료(서비스용품별) 이해
	【기술】 • 기내 서비스 용품 목록 작성기술 • 서류 작성 기술
	【태도】 • 공정한 태도 • 정확성 유지 • 관련 규정사항 준수 • 배려있는 태도 • 적극적인 태도
1203010505_16v2.4 목적지 도착 안내방송 하기	**4.1** 객실 서비스 규정에 따라 방송에 필요한 정보를 파악할 수 있다. **4.2** 객실 서비스 규정에 따라 목적지 도착 안내방송에 필요한 언어를 구사할 수 있다. **4.3** 객실 서비스 규정에 따라 목적지 도착 안내방송에 필요한 표준어 사용을 할 수 있다.
	【지식】 • 객실 서비스 규정(안내) 이해 • 한국어, 영어 및 목적지 국가 언어(일본어, 중국어 등) 이해
	【기술】 • 영어, 일어, 중국어 구사 능력 • 표준어 구사 기술 • 음성 표현 기술
	【태도】 • 성실한 태도 • 정확성 유지 • 명료한 태도

인용 출처: NCS 홈페이지(https://www.ncs.go.kr)

비행 중 서비스
In-flight Service

PART 1

© Stoyan Yotov / Shutterstock.com

기내 음료 이해하기
Understanding of In-flight Beverages

1

01

음료의 이해

Understanding of Beverages

수행 준거

- 객실 서비스 규정에 따라 다양한 칵테일 제조에 필요한 술의 종류와 첨가 음료에 관한 정보를 숙지하여 제조할 수 있다.

1. 음료 개요

통칭 음료라 함은 알코올을 함유한 음료와 비알코올 음료(Non-alcoholic Beverage)를 모두 포함하는 말이다. 인간의 신체 구성요소 중 70%가 물이며, 인간은 끊임없이 수분을 필요로 한다는 것만으로도 물과 인간의 관계가 얼마나 밀접한지 알 수 있다.

음료는 물에서 시작하여 문명의 발달로 점차 여러 가지 음료수가 탄생하게 되고 각자 나름대로 다양한 음료들을 찾게 되었으며, 나라별로 특색 있게 발전하게 된다. 또한 음료를 마시는 습관이 다르게 형성되어 고유하고 독특한 문화를 가지게 되었다.

2. 음식과의 관계

일반적으로 기내식은 서양식을 바탕으로 한다. 따라서 기내 음료의 개념 또한 서양식에 근간하여 이해하면 된다. 서양의 음료 문화의 특징 하나는 음식을 더욱 맛있게 먹기 위해 음료를 마신다는 것이다. 음식이 주가 되는 서양에서는 음식을 더욱 맛있게 먹기 위해 음료의 종류가 다르게 선택된다. 예를 들어 식사와 함께하는 Wine만 해도 종류가 천차만별이고 또한 음식과 어울리는 Wine을 고르기 위해 까다로운 선택을 한다.

또한 식사의 순서에 따라서 식전에는 식욕을 돋우기 위한 가벼운 음료를, 식중에는 음식의 맛을 더욱 풍부하게 즐기기 위한 음료를, 식후에는 소화를 돕는 음료를 마시는 등 식사와 음료가 유기적으로 결합되어 있다. 음료와 음식의 조화를 잘 이해한다면 승객에게 더욱 풍미 있는 기내식을 추천할 수 있다.

02
알코올 음료의 이해
Understanding of Alcohol Beverages

알코올 음료란 알코올을 함유한 음료로 흔히 '술'이라 불리는 종류들이 모두 포함된다. 알코올 음료는 만드는 방법과 식사하는 시점을 기준으로 분류할 수 있다.

1. 제조법에 따른 분류

1) 양조주(Fermented)

곡물의 녹말이나 과일의 당분을 발효시킨 후 여과한 술로 가장 오래된 역사를 지녔다. Wine, Beer, 청주, 막걸리 등이 대표적이다.

2) 증류주(Distilled)

양조주를 증류하여 만든 술로 알코올 농도가 진하다. Whisky, Brandy, 고량주 등이 대표적이며 40~80%의 알코올 함량을 가진다.

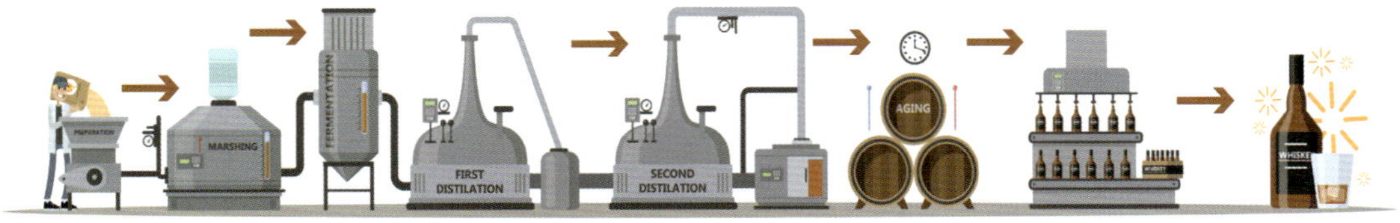

위스키 제조 과정

3) 혼성주(Compounded)

증류주에 다른 종류의 술을 혼합하거나 약초, 식물의 뿌리, 열매, 과즙, 색소, 향 등을 첨가하여 만든 술이다. Liqueur, Gin, Bitters 등이 이에 속하며, 30~40%의 알코올 함량을 가진다.

2. 식사 시점에 따른 분류

1) 식전주

식사 전에 입맛을 돋우기 위해 마시며, 소량의 알코올 섭취는 위산 분비를 촉진하여 식욕을 좋게 한다. 신맛과 쓴맛이 있으면 더욱 효과적이다. Cocktail, Champagne, Campari, Sherry 등이 대표적이다.

2) 식중주

식사 중 마시는 술로 입맛을 새롭게 하고, 소화를 돕는 역할을 한다. 알코올 농도가 높지 않은 종류가 적당하며 Wine, Beer가 대표적이다.

3) 식후주

식후 소화를 돕는 역할을 하며, 알코올 농도가 높고 감미로운 종류의 술이 애용된다. Liqueur, Brandy 등이 대표적이다.

3. 알코올 음료의 종류

양조주, 증류주, 혼성주의 대표적인 종류와 그 특징을 알고 각 음료를 음미하며 즐기는 방법을 숙지하여 승객에게 바른 정보를 제공하고 안내하도록 한다.

1) Beer

맥주는 가장 대중적인 술로 누구나 부담 없이 즐길 수 있는 술이다. 맥주에 대한 가장 오래된 기록은 기원전 3000년경의 것으로 메소포타미아의 점토판에 맥주를 만드는 방법이 기록되어 있다. 또한 고대 이집트에서도 피라미드를 건설할 때 맥주와 마늘을 공급했다는 이야기가 전해져 온다. 이처럼 맥주는 오래전부터 인간이 즐겼던 음료이다.

Beer의 특징

맥주는 영양분이 많은 음료이다. 탄수화물, 단백질, 비타민, 미네랄 등 많은 영양분을 함유하고 있어 서양에서는 '액체빵'이라고 불린다. 맥주는 탄산가스의 청량감을 즐길 수 있도록 6~8도 정도로 차게 해서 마신다. 그러나 너무 차게 해서 마시면 맛을 제대로 느낄 수 없다. 또한 맥주의 생명은 '거품' 이다. 거품은 탄산가스의 유출을 방지하며 계속 신선한 맛을 유지시켜 주는 역할을 한다. 그리고 알코올 농도가 4~6도로 낮다.

Beer의 제조

맥주는 양조주이며 맥주 제조 시 다음과 같은 요소가 필요하다.

- 물: 맥주를 제조하는 데는 물이 매우 중요하다. 맥주의 품질에 큰 영향을 미치기 때문이다. 물은 맑고, 무색, 무취여야 하며 알칼리의 농도는 50% 이하여야 한다.
- 맥아: 보리에 싹이 튼 것을 맥아라고 한다. 싹이 튼 보리는 왕성한 당화 요소를 많이 함유하기 때문에 다른 녹말질 원료를 쉽게 분해하여 당분으로 변화시킨다. 맥주의 제조에서 빠져서는 안 될 주원료이다.
- 호프(Hop): 호프는 뽕나무과의 암수가 다른 덩굴성 식물의 꽃이다. 맥주의 원료로 사용하는 호프는 암그루에 핀 꽃이 발육된 것이다. 호프는 맥주 특유의 쓴맛과 향을 갖게 해 주며 잡균의 번식을 방지해 저장성을 높여 준다.

Beer의 종류

Lager Beer	제조 후 저온 살균하여 효모의 활동을 중지시킨 후 병이나 Can에 넣어 오랜 기간 동안 저장할 수 있도록 만든 것이다.
Draft Beer	살균하지 않은 생맥주이기 때문에 신선한 풍미가 살아 있지만 저온에서 운반, 저장해야 하며 빨리 소비해야 한다.
Staut Beer	색깔이 진하고 알코올 함량(8~11도)이 높은 흑맥주이다.

2) Whisky

Whisky는 대표적인 증류주로 Oak(오크)통 속에서 숙성을 거치는 술이다. 숙성 기간 중 나무통의 성분이 우러나와 술은 호박색이 되고 향미가 좋아지게 된다. 그리고 생산지별로 고유의 풍미와 특성을 지닌다.

© Barinart / Shutterstock.com
Canadian Club

© 9 Chameleon Studio / Shutterstock.com
Chivas Regal

© Alenkadr / Shutterstock.com
Jim Beam

© Chrisdorney / Shutterstock.com
Jack Daniel'S

© S99 / Shutterstock.com
Johnnie Walker

Whisky의 종류

<table>
<tr><td rowspan="3">Scotch Whisky</td><td colspan="2">스코틀랜드에서 제조되는 Whisky로 Whisky 중 가장 인기 있다.</td></tr>
<tr><td>Malt Whisky</td><td>맥아를 사용해서 만들며, 맥아 건조 시 사용하는 Peat(피트)로 인해 강한 연기 냄새가 나는 것이 특징이다.
• 대표 브랜드: Glenfiddich</td></tr>
<tr><td>Blended Whisky</td><td>Malt Whisky와 Grain Whisky를 혼합하여 마시기 좋게 한 것으로, 우리가 흔하게 마시는 Scotch Whisky의 대부분이 Blended Whisky이다.
• 대표 브랜드: Chivas Regal, Johnnie Walker, Ballantines</td></tr>
<tr><td>Irish Whisky</td><td colspan="2">아일랜드에서 제조되는 Whisky로 보리를 주원료로 사용한다.
• 대표 브랜드: Middleton</td></tr>
<tr><td rowspan="3">American Whisky</td><td colspan="2">미국에서 생산되는 Whisky의 총칭이나 옥수수를 주원료로 사용하는 Bourbon Whisky가 유명하다.</td></tr>
<tr><td>Bourbon Whisky</td><td>켄터키주 Bourbon 지방에서 옥수수를 원료로 하여 만들며 옥수수의 함량이 51% 이상인 것만을 의미하나 일반적으로는 American Whisky의 대명사로 불린다.
• 대표 브랜드: Jim Beam</td></tr>
<tr><td>Blended Whisky</td><td>Straight Whisky에 중성 알코올 또는 Light Whisky를 혼합해 만든다.
• 대표 브랜드: Jack Daniel's</td></tr>
<tr><td>Canadian Whisky</td><td colspan="2">Canadian Whisky의 맛은 부드러움에 있다. 향미가 강한 Rye를 주원료로 만든 Whisky와 깨끗한 맛의 옥수수로 만든 Whisky를 섞어서 특유의 부드럽고 경쾌한 Whisky를 만든다.
• 대표 브랜드: Canadian Club</td></tr>
</table>

Whisky를 마시는 방법

- Straight: 얼음 없이 마시는 것으로 Whisky의 풍미를 만끽할 수 있다.
- On The Rocks: 얼음을 넣어 마시는 것으로 주로 Blended Whisky를 마실 때 애용된다.
- Cocktail: Manhattan, Whisky Sour, Bourbon Coke 등의 Base로 사용된다.

Straight

On The Rocks

3) Brandy

Brandy는 포도, 사과 등 과일의 발효액을 증류시킨 것으로 포도 Brandy, 사과 Brandy 등으로 불린다. 그러나 포도 Brandy의 질이 우수하고 가장 많이 생산되기 때문에 일반적으로 'Brandy' 하면 포도 Brandy를 말한다.

대표 브랜드로는 Remy Martin, Hennessy, Camus 등이 있다.

> **Pale**
>
> Brandy가 크게 유행하자, 증류한 새 술에 캐러멜을 넣어 색을 내는 가짜 브랜디가 등장했다. 이에 Brandy 제조 업자가 가짜 브랜디의 캐러멜 색이 점차 흐려지는 차이점을 부각시키고 진짜 순수한 Brandy임을 증명하기 위해 브랜디에 'Pale(맑다)'이라는 표시를 한 것이다.

Brandy의 명산지

- Cognac(코냑) 지방: 프랑스 Cognac에서 생산되는 Brandy만을 Cognac이라고 한다.
- Armagnac(아르마냑) 지방: 프랑스 Armagnac 지방에서 생산되는 Brandy를 Armagnac이라고 한다.
- Calvados(칼바도스) 지방: 프랑스 북부 노르망디에 있는 Calvados 지역의 특산물로서 사과로 만든 Brandy이다.

Brandy Lable의 이해

Brandy는 Label에 숙성 기간을 표시하는 것으로 유명하지만, 회사별로 그 의미가 같지 않다. 관련 법규에 의하면 숙성 연도 표시는 의무 규정이 아니므로 최소한의 숙성 기간만 충족하면 된다.

Label	숙성 기간
★★★	3년
V.O(Very Old)	3 ~ 5년
V.S.O(Very Superior Old)	12 ~ 15년
V.S.O.P(Very Superior Old Pale)	15 ~ 20년
X.O(Extra Old)	30 ~ 50년
Napoleon	숙성 기간을 의미하기보다는 '특제품'의 의미가 크며, 자사 제품 중 자신 있는 최상의 제품에만 붙인다.

Brandy를 즐기는 방법

Brandy는 식후주로 많이 애용되며, Brandy 특유의 향을 즐길 수 있도록 입구가

Brandy 잔과 다양한 Brandy

좁고 배가 부른 튤립 모양의 잔에 담아 (1oz) 마신다. 때로는 커피에 넣어 마시기도 하며 특히 요리에 많이 쓰인다.

4) Gin

Gin은 처음에는 이뇨효과가 있다고 밝혀진 Juniper Berry(노간주나무의 열매)를 알코올에 넣고 증류하여 약용으로 판매하였으나 그 산뜻한 냄새로 인해 술로 애용하게 되었다. Whisky나 Brandy는 숙성에 의해 향미가 개선되는 술이지만, Gin은 숙성이 필요 없는 인공적인 술이며, 대부분의 Gin은 숙성하지 않아 무색이며 솔잎향이 난다.

Gin의 종류는 크게 영국 Gin과 네덜란드 Gin으로 구분된다. 영국 Gin은 네덜란드 Gin과 구분하기 위해 Dry Gin으로 불러 왔으며, London Dry Gin이 가장 품질이 우수하다. 네덜란드 Gin은 보통 Geneva(제네바)로 불리며 짙은 향내와 감미가 난다.

대표 브랜드로는 Beefeater, Bombay Sapphire, Bols 등이 있다.

Gin

Gin을 마시는 방법

Gin은 Straight로 마시기도 하지만 Cocktail의 재료로 쓰이기 시작하면서 대중적인 인기를 얻게 되었다. 보통 네덜란드 Gin은 Straight로, Dry Gin은 Cocktail의 재료로 쓰인다.

5) Vodka

옥수수, 밀, 보리, 감자 등을 원료로 하여 발효시킨 후, 높은 알코올 농도로 증류한다. 그리고 목탄층에 통과시켜서 알코올에 있는 냄새를 완전히 제거하여 무색(Colorless), 무미(Tasteless), 무취(Odorless)의 알코올을 얻어낸다. 러시아와 폴란드에서 발달한 술로 귀족들이 즐겨 마셨으며, 캐비아(Caviar) 등 맛이 강한 전채요리(Appetizer)와 함께 냉각(Freezing)시켜 소량(1oz)을 스트레이트로 마시는 것이 전통적인 방식이다. Screw Driver, Bloody Mary 등 칵테일의 재료로도 널리 애용된다.

Vodka의 유명 브랜드로는 Stolichnaya(스톨리츠나야), Smirnoff(스미노프), Absolute(앱솔루트) 등이 있다.

Smirnoff

Absolute

Stolichnaya

6) Rum

Rum은 사탕수수에서 얻은 당밀을 원료로 하여 만든 증류주이다. 사탕수수 산지인 중앙아메리카의 서인도 제도에서 많이 생산하고 있다. 밝은색이 나고 향미가 약한 것에서부터 짙은 색에 코를 찌르는 향미를 가진 것까지 종류가 다양하다. Rum은 특유의 향미가 있어 Straight로 많이 마시며, 다른 재료와 쉽게 섞이는 특성 때문에 칵테일 재료로도 널리 사용된다.

대표 브랜드로는 Ronrico(론리코), Bacardi(바카디) 등이 있다.

Bacardi

7) Liqueur

Liqueur(리큐르)는 혼성주의 일종으로 증류주를 서로 섞거나 재증류하고 여러 가지 약초, 식물의 뿌리, 꽃, 씨앗 등을 용해하여 향미가 나도록 한 것이다. 원래는 중세 유럽에서 만병통치의 의약용으로 발명된 특이한 역사가 있다. 다른 증류주와 달리 단맛이 있는 것이 특징이며 색채, 향기, 감미, 알코올의 조화가 균형을 이루어 식후주와 칵테일의 재료로 애용되며, 간장, 위장, 소화불량 등에 효과가 좋다.

프랑스에서는 알코올 15% 이상, 당분 20% 이상을 함유하고 향신료가 첨가된 술을 Liqueur(리큐르)라고 하고, 미국에서는 Spirits에 당분 2.5% 이상을 함유하며 여기에 천연향(과실, 과즙, 약초, 향료 등)을 첨가한 술을 Liqueur(리큐르)라고 한다. 영국과 미국에서는 코디얼(Cordial), 독일에서는 리코르라고 부른다.

Liqueur의 종류와 특성

■ Benedictine(베네딕틴)

Brandy에 나무뿌리, 약초, 설탕을 첨가하여 만든다. 프랑스에서 가장 오래된 Liqueur 중의 하나로 Benedictine 수도원에서 만들어져 유명하다. D.O.M은 라틴어로 'Deo Optimo Maximo'의 약어로 '최대 최선의 신에게'라는 뜻이다.

■ Cointreau(쿠앵트로)

엄선된 오렌지에서 에센스를 뽑아 고급 Brandy와 섞어 만들어 오렌지 향이 인상적이다. 일명 오렌지 술이라고도 하며, 단맛이 강하고 부드러운 맛과 향으로 인해 케이트 등의 디저트를 만들 때 자주 이용된다.

■ Grand Marnier(그랑 마니에르)

Cognac(코냑)에 오렌지 과피와 여러 가지 약초를 혼합해 만든다. Liqueur 중에서 최고급 Liqueur 중의 하나이다.

■ Drambuie(드랑뷔)

Scotch Whisky에 벌꿀, 약초 등을 첨가해 만든다. Drambuie는 고대 그리스어로 '사람을 만족시키는 음료'라는 뜻이다,

■ Crème de Menthe(크렘 드 망트)

증류주에 박하(Peppermint)를 주원료로 하여 여러 가지 약초류를 혼합하여 만든다.(Creme de는 '최상'이라는 뜻으로 많은 Liqueur의 이름에 자주 쓰인다.)

© Chrihusa [CC BY-SA 3.0]

Benedictine

© Barinart / Shutterstock.com

Cointreau

© Blaskor / Shutterstock.com

Grand Marnier

© Gary Perkin / Shutterstock.com

Drambuie

© Nigab Pressbilder [CC BY -2.0]

Crème de Cassis

© Olga Popova / Shutterstock.com

Baileys

© Monticello / Shutterstock.com

Campari

- Crème de Cassis(크렘 드 카시스)

'까치밥 나무 열매'로 만들었으며 약간 신맛이 나며, 칵테일 재료로 많이 쓰인다. 영어로 Black Currant Brandy라고도 한다.

- Baileys(베일리스)

Irish Whisky와 Cream De Cacao를 혼합하여 만든다. 알코올 농도가 17%로 Straight 또는 On The Rocks로 마신다.

- Campari(캄파리)

Campari는 증류주에 과일, 씨앗, 꽃, 식물의 뿌리나 줄기 등으로부터 향미를 추출하여 혼합한 혼성주이며 Bitters의 일종으로 쓴맛이 난다. 쓴맛과 향기로 인해 식전주로 많이 마신다. 제조법이 비밀리에 붙여져 알려져 있지 않다.

03 칵테일의 이해

Understanding of Cocktail

수행 준거

- 객실 서비스 규정에 따라 다양한 칵테일 제조에 필요한 술의 종류와 첨가 음료에 관한 정보를 숙지하여 제조할 수 있다.

칵테일(Cocktail)은 두 가지 이상의 술을 섞거나 부재료를 혼합하여 마시는 알코올 음료이다. 알코올 도수가 낮아 식욕을 증진시켜 주므로 식전주로 마신다. 맛, 향기, 색채의 조화로 분위기를 창출하는 예술품이라고 할 수 있다. 따라서 칵테일은 식욕과 동시에 마음도 자극하고 무드를 만들어 내는 것이 아니라면 의미가 없다. 즉 칵테일은 분위기와 예술적 가치를 마시는 것이다.

1. Cocktail의 기본 요소

- Base: Cocktail의 기본이 되는 Liquor이다.
- Mixer: Cocktail의 Base와 섞이는 음료로 Soda Water, Ginger Ale, Tonic Water 등이 대표적인 Mixer류이다.

- Garnish: Cocktail을 더욱 돋보이게 하기 위한 장식이다. Lemon, Cherry, Orange, Pineapple 등을 사용한다.
- 양념(Seasoning): 타바스코 소스, 우스터 소스, 소금, 후추 등의 양념을 말한다.

2. Cocktail 용어

용어	의미
oz	Ounce의 의미이며, 1oz는 30ml이다.
Stir	젓는 것
Strain	액체만 따라 내는 것
Straight	얼음 없이 마시는 것
On The Rocks	얼음과 함께 마시는 것
Float	비중이 다른 두 가지 이상의 음료가 섞이지 않도록 층을 만들어 띄우는 방법
Chaser	술을 쫓아가듯이 마신다는 데서 생긴 말로 입가심 음료를 말한다. Straight로 마실 때 반드시 함께 마시며 주로 Water, Soda, Ginger Ale 등을 마신다.
Shaking	칵테일 재료를 셰이커(Shaker)에 넣고 흔들어 혼합하는 것을 말한다.
Blending	칵테일 재료에 과일이나 계란이 포함되어 있을 경우 재료를 잘게 부순 얼음과 함께 Blender에 넣어 혼합하는 방법이다.

3. Cocktail 제조 시 유의사항

- Cocktail은 항상 차갑게 만든다(4~6도).
- On The Rocks용으로는 2oz 정도가 적당하며 Straight용으로는 1oz 정도가 적당한 양이다.
- Straight로 만들 때에는 Chaser를 함께 준비한다.
- Mixer가 발포성일 경우 너무 많이 젓지 않는다.
- 얼음은 깨끗하고 단단한 것을 사용해야 한다.
- Garnish는 마르지 않은 것을 사용한다.
- 설탕이 들어가는 칵테일은 충분히 저어 녹인 후 얼음을 첨가한다.

4. Cocktail의 제조법

칵테일	Glass	Ice	Base	Mixer	Garnish	제조법
Scotch Soda	T	○	Scotch Whisky 1~1.5oz	Soda Water	×	Stir
Whisky Sour	W	×	Blended Whisky 1~1.5oz	Lemon/J 0.3oz	Lemon/S Cherry	설탕 1T/S을 넣고 저은 후, 얼음을 넣고 차게 하여 W/G에 Strain한다.
Bourbon Coke	T	○	Bourbon Whisky 1~1.5oz	Coke	×	Stir
Manhattan	W	×	Bourbon Whisky 1~1.5oz	Sweet Vermouth 0.7oz	Cherry	얼음을 넣고 차게 하여 W/G에 Strain한다.
John Collins	T	○	Bourbon Whisky 1~1.5oz	Lemon/J 0.3oz	Lemon/S Cherry	설탕 1T/S을 넣고 잘 저은 후 얼음이 든 잔에 붓고 탄산수를 채운다.
Gin Tonic	T	○	Gin 1~1.5oz	Tonic Water	Lemon/S	Stir
Gin Fizz	T	○	Gin 1~1.5oz	Lemon/J 0.3oz Soda Water	Lemon/S	설탕 1T/S을 넣고 저은 후, 얼음을 넣고 차게 하여 얼음 3~4개를 넣은 글라스에 Strain한 후 탄산수를 채운다.
Martini	T/W	○/×	Gin 1.5oz	Dry Vermouth 0.7oz	Olive	Dry로 주문할 때 Gin의 분량을 늘리고, 스트레이트(Straight)로 주문할 때 글라스에 Strain한다.

기내에서 칵테일을 만들고 있는 승무원

다양한 칵테일 기구들

칵테일	Glass	Ice	Base	Mixer	Garnish	제조법
Orange Blossom	W	×	Gin 1.5oz	Orange/J 1.5oz	×	설탕 1/2~1T/S을 넣고 저은 후 얼음을 넣고 차게 하여 글라스에 Strain한다.
Tom Collins	T	○	Gin 1.5oz	Lemon/J 0.3oz Soda Water	Lemon/S Cherry	설탕 1/2~1T/S을 넣고 저은 후 얼음을 넣고 차게 하여 얼음 3~4개를 넣은 글라스에 Strain한 후 소다수를 채운다.
Bloody Mary	T	○	Vodka 1~1.5oz	Tomato/J	Lemon/S	우스터 소스, 핫소스 2~3방울, 소금, 후추를 첨가하여 젓는다.
Screw Driver	T	○	Vodka 1~1.5oz	Orange/J	Orange/S	Stir
Vodka Tonic	T	○	Vodka 1~1.5oz	Tonic Water	×	Stir
Kir	W	×	White Wine	Crème de Cassis	×	Crème de Cassis와 White Wine을 1:8 비율로 채운다.
Mimosa	C/W	×	Champagne	Orange/J Cointreau	Orange/S	Orange/J와 샴페인을 3:7 비율로 채운 후 Cointreau를 1T/S 넣어 젓는다.
Kir Royal	C/W	×	Champagne	Crème de Cassis	×	Crème de Cassis와 샴페인을 1:8 비율로 채운다.
Buck Fizz	C/W	×	Champagne 2oz	Orange/J 2oz	Orange/S	Orange/J와 샴페인을 5:5 비율로 채운다.

J: Juice, S: Slice, T/S: Tea Spoon, T/W/C: Tumbler/Wine Glass/Champagne Glass

출처: NCS 항공객실서비스 학습모듈

04

비알코올 음료의 이해

Understanding of Non-alcohol Beverages

수행 준거

- 객실 서비스 규정에 따라 비알코올 음료(Cold Beverage, Hot Beverage)에 관한 정보를 승객에게 전달할 수 있다.

1. 청량음료(Soft Drink)

1) 탄산음료(Carbonated Drink)

청량감을 주는 탄산가스가 함유된 천연 광천수로 만들어진 음료이다. 음료수에 천연 또는 인공 감미료를 함유시킨 것과 천연 과즙에 탄산가스를 함유시켜 만든 것이 있다. 종류로는 콜라(Cola), 사이다(Cider), 소다수(Soda Water), 진저에일(Ginger Ale), 토닉워터(Tonic Water), 페리에(Perrier) 등이 있다.

콜라(Cola)

콜라는 열대지방에서 많이 재배하는 콜라나무 열매에서 추출한 농축액의 쓴맛과 떫은맛을 제거하고 가공처리한 즙을 당분과 캐러멜 색소 산미료, 향료 등을 혼합한 후, 탄산수를 주입하여 만든다.

사이다(Cider)

미국에서 사이다는 사과를 발효한 과실주로 약간의 알코올 성분(1~6%)이 함유된 사과주를 말한다. 그러나 우리나라의 사이다는 알코올 성분이 들어 있지

© Patcharaporn Puttipon 636 / Shutterstock.com

않고, 구연산, 주석산, 레몬, 라임 등에서 추출한 과일 에센스를 혼합한 시럽을 만들어 병에 소량 넣어서 위에서 증류수를 부워 채우고 마지막으로 액화 탄산가스를 주입하여 만든다.

소다수(Soda Water)

이산화탄소를 함유한 물로 이산화탄소를 만드는 데 소다를 쓰기 때문에 소다수라고 한다. 여기에 설탕, 향료, 산, 색소 등을 첨가한 것이 레몬에이드, 사이다, 시트론 등이다. 소다수는 수분과 이산화탄소로만 이루어져 있어 영양가는 없으나, 이산화탄소가 청량감을 주고 동시에 위장을 자극하여 식욕을 돋우는 효과가 있다. 시럽이나 과즙을 혼합하여 마시거나, 칵테일 제조 시 사용된다.

진저에일(Ginger Ale)

진저(Ginger)는 생강이란 뜻이고 에일(Ale)은 알코올이란 뜻이다. 그러나 우리나라에서의 진저에일은 알코올 성분이 없는 순수한 청량음료이다. 생강의 향을 함유한 탄산음료로 소화를 돕는 효과가 있다. 맥주나 브랜디와 조주하여 마시기도 한다.

토닉워터(Tonic Water)

영국에서 개발한 무색투명의 음료이다. 레몬, 라임, 키니네, 오렌지 등으로 농축액을 만들어 당분을 배합한 것이다. 열대 사람들은 식욕증진과 원기회복을 돕는 강장제로 마신다.

페리에(Perrier)

탄산이 들어간 물로 세계 탄산생수의 대명사인 아주 유명한 프랑스산 탄산수이다.

이외에 비청량음료(Non-carbonated)로 생수(Mineral Water)가 있다.

2. 영양음료(Nutritious)

영양음료는 인체에 필요한 여러 가지 영양분을 함유한 천연 과즙이나 유제품을 의미한다.

- 주스류(Juice): 오렌지 주스, 포도 주스, 그레이프푸르트 주스, 파인애플 주스, 토마토 주스, 구아바 주스, 사과 주스 등
- 우유류(Milk)

3. 기호음료(Fancy Taste)

기호음료는 카페인을 함유한 음료로, 영양가보다는 깊은 맛으로 인해 생활의 멋과 삶의 여유를 갖게 하는 현대인의 음료이다.

1) 커피류

커피류에는 브루(Brew) 커피, 디카페인 커피, 인스턴트 커피, 에스프레소 커피 등이 있다.

커피를 즐기는 방법

커피를 마실 때 적정한 물의 온도는 85~95도이다. Cream은 액상, 분말 등 종류에 상관없이 설탕을 먼저

넣어 저은 후 첨가한다. 물의 온도가 85도 이하일 때 Cream을 넣어야 단백질의 응고를 막을 수 있다. 커피는 금속성에 닿으면 산화작용으로 인해 제맛을 잃게 된다. 따라서 도기류나 유리제품을 쓰는 것이 좋다.

2) 차(Tea)류

차류에는 홍차, 우롱차, 녹차, 재스민차, 둥글레차 등이 있다.

차를 즐기는 방법

차를 즐기기에 적당한 온도는 70~75도이다. Cream은 홍차의 향을 약화시키므로 사용하지 않으며, Fresh Milk를 데워서 사용한다.

05 와인의 이해

Understanding of Wine

수행 준거

- 객실 서비스 규정에 따라 다양한 와인에 관한 정보를 파악하여 서비스 및 회수할 수 있다.

Wine은 넓은 의미로 과일을 발효시킨 발효주를 의미하는데 일반적으로 포도로 만든 것을 말하며 Bottling(병입) 후에도 발효가 계속되는 술로서 생명이 있는 술이라고도 한다. Wine은 알칼리성 음료로 산성식품을 중화시키는 역할을 하여 산성식품인 육식을 주로 하는 서양인의 식탁에서 빠져서는 안 될 중요한 식품으로 여겨지고 있다.

와인은 다른 술과 달리 제조과정에서 물이 전혀 첨가되지 않으면서도 알코올 함량이 적고, 유기산, 무기질 등이 파괴되지 않은 포도 성분이 그대로 살아

있는 술이다. 따라서 와인은 그 와인의 원료인 포도가 자란 지역의 토질, 기온, 강수량, 일조시간 등의 자연적인 조건과 포도 재배법, 양조법에 따라 달라지게 되며, 포도의 수확연도에 따라 향취와 맛의 차이가 있고, 이런 독특한 특징으로 사람들에게 더욱 사랑받는 술이다. 또한 알코올 도수가 낮아(10도 전후) 식사와 가장 잘 어울리는 술이다.

1. Wine의 특성

1) 보관방법

Wine은 병입 후에도 변화가 계속되는 술로 보관방법에 따라 Wine의 가치가 달라지므로 보관에 유의해야 한다. Wine의 산화를 촉진하는 요인은 햇빛을 포함한 강한 광선, 온도가 높거나 변화가 심한 온도, 심한 진동이다. 따라서 장기간 보관하는 Wine은 Cellar라고 불리는 어둡고 서늘하며 조용한 지대 및 지하 창고에서 저장하는 것이 좋다.

또한 Wine은 공기와 접촉하면 점점 산화하여 부패하게 되므로, 코르크(Cork) 마개를 한 Wine은 코르크가 마르지 않고 촉촉하게 젖어 있어야 외부의 공기가 병 속에 들어가는 것을 막을 수 있다. 따라서 Wine은 바로 세우지 않고 눕혀서 보관한다.

2) 종류에 따른 와인의 적정 온도

Wine은 독특한 풍미를 지니므로 그것을 더 잘 살려 주는 온도에서 더 좋은 Wine의 맛을 느낄 수 있다. White Wine은 6~12도 정도로 조금 차게 해서 마시는 것이 좋다. 그러나 너무 차갑게 되면 오히려 혀가 마비되어 Wine의 맛과 향을 제대로 느낄 수 없으므로 유의한다. Red Wine은 15~20도로 실온에서 보관하는 것이 좋다.

3) 와인 Breathing

Breathing이란 Wine을 마시기 전에 미리 코르크를 제거하여 공기 중의 산소와 접촉하게 함으로써 Wine을 숨 쉬게 하여 Wine의 향미가 되살아나도록 하는 것이다. Red Wine은 최소 30분에서 2시간 전에 Open한다. White Wine은 숙성기간이 짧으므로 10~30분 전에 Open한다.

2. Wine의 분류

1) 색깔에 따른 분류

- Red Wine: 적포도의 껍질에서 색소를 착색시켜 만든다.
- White Wine: 청포도나 적포도를 사용하며 착색되지 않도록 껍질을 제거하여 만든다.
- Rose(Pink) Wine: 적포도의 껍질에서 색소가 적당히 착색되었을 때 껍질을 제거하여 만든다.

2) 생산지에 따른 분류

생산지		특성
프랑스	Bordeaux (보르도)	질 좋은 Red Wine과 White Wine이 생산되며, 특히 고급 와인인 Chateau(샤토) Wine이 유명하다. 세계에서 가장 유명한 Red Wine의 생산지이며 Red Wine의 여왕이라고 불린다. 보르도의 Red Wine은 선홍색을 띤다.
	Bourgogne (부르고뉴/버건디)	보르도 지방과 함께 프랑스 Wine의 대표적 명산지로 알려져 있다. Red Bourgogne는 암홍색으로 Red Bordeaux가 여성적인 데 반해 남성적이라고 표현한다. 그리고 부르고뉴의 샤블리(Chablis) 지방은 White Wine이 매우 유명한데, 연한 황록색으로 향이 좋고 Dry한 맛의 Wine이다.
	Champagne(샹파뉴)	발포성 와인인 샴페인의 생산지로 유명하다.
	Alsace(알사스)	Dry한 White Wine의 생산지로 유명하다.
이탈리아		Chianti(키안티) Wine이 유명하다.
독일		Rhine(라인), Mosel(모젤) Wine이 유명하다.
스페인		Sherry(셰리) Wine이 유명하다.
포르투갈		Port(포트) Wine이 유명하다.
미국		California Wine이 유명하다.

Chateau Wine

Chateau(샤토)는 원래 성곽이나 대저택을 의미하지만 Wine과 관련해서는 특정한 포도 양조장을 뜻한다. Chateau Wine은 'Lable에 표기된 포도 양조장에서 포도 재배, 제조, 포장까지 이루어진다'는 뜻을 나타내며 최고급 Wine이다.

화이트 와인

로제 와인

레드 와인

3) 맛에 따른 분류

- Dry Wine: 양조 시 당분이 남아 있지 않도록 완전히 발효시켜 만든다.
- Sweet Wine: 양조 시 당분이 적당히 남아 있을 때 발효를 중지시킨다.

4) 제조법에 따른 분류

- Still Wine(Table Wine): 발효 시 발생하는 탄산가스를 제거하여 만드는 비발포성 Wine으로 보통 식탁에 올려지는 일반적인 Wine이다.
- Sparkling Wine(발포성 와인): 발효 시 발생하는 탄산가스를 그대로 함유시킨 것으로 보통 샴페인이라고 한다.
- Fortified Wine(강화 와인): 와인을 제조하는 과정에서 Brandy를 첨가하여 알코올 농도를 높인 와인이다. 스페인의 Sherry Wine과 포르투갈의 Port Wine이 유명하며 Sherry Wine은 식전주로, Port Wine은 디저트 와인으로 애용된다.
- Aromatized Wine(방향 와인): 독특한 향신료, 약초 등을 첨가하여 향미를 좋게 한 와인으로 프랑스의 Dry Vermouth, 이탈리아의 Sweet Vermouth 등이 있다.

3. Wine과 음식의 조화

Wine의 알코올 성분은 위를 적당히 자극하여 식욕을 촉진해 주며, 육류가 주류를 이루는 서양식에서 Wine의 맛은 음식의 지방분을 없애 주고 혀를 긴장시켜 신선한 맛을 되찾아 준다.

- Red Meat류: Red Wine과 잘 어울린다.
- 생선요리, 해산물, White Meat류: White Wine과 잘 어울린다.
- 생선에도 붉은 소스를 사용한 요리에는 Red Wine이 어울리는 경우가 많다.
- 과일이나 푸딩같이 단 음식에는 Sweet한 Wine이, 달지 않은 음식에는 Dry한 Wine이 잘 어울린다.
- 요리의 Sauce 등에 Wine을 사용한 경우, 같은 타입의 Wine을 마시는 것이 좋다.
- 서양식의 코스별 식사가 Light → Heavy → Light 또는 Dry → Sweet로 진행되는 특성에 따라 Wine이 함께 조화를 이루도록 한다.
  - White에서 Dry로
  - Dry에서 Red로
  - 옅은 맛(Light Body)에서 짙은 맛(Full Body)으로
  - 숙성이 덜된 것에서 오래된 것으로

4. 포도 품종

1) Red Wine

- 카베르네 소비뇽(Cabernet Sauvignon): 보르도 지방의 대표 품종이다.
- 피노누아(Pinot Noir): 부르고뉴 지방의 대표 품종이다.
- 메를로(Merlot): 보르도와 생테밀리옹에서 많이 재배하는 품종이다.
- 게메이(Gamay): 보졸레 지역의 대표 품종이다.
- 시라(Syrah): 프랑스 론 지방에서 주로 재배하는 포도 품종으로, 호주에서는 시라즈(Shiraz)라고 부르며 호주의 대표 품종으로 자리잡았다.

메를로

카베르네 소비뇽

피노누아

샤르도네

소비뇽 블랑

리즐링

2) White Wine

- 샤르도네(Chardonnay): 부르고뉴 지방이 원산지이며 White Wine의 대표 품종이다.
- 소비뇽 블랑(Sauvignon Blanc): 보르도 지방이 원산지이다.
- 리즐링(Riesling): 독일 및 알사스 지방이 원산지이다.
- 게부르츠트라미너(Gewurztraminer): 알사스 지방이 원산지이다.

5. 좋은 와인의 조건

와인의 주원료인 포도의 품종, 포도의 생산지, 포도의 수확연도(Vintage), 와인의 제조 기술에 따라 와인의 품질이 결정되며, 조건이 우수할수록 풍미가 좋은 고급 와인이 만들어진다.

6. Wine 서비스 요령

1) 승객에게 와인 주문받기

상위클래스

와인 바스켓이나 카트 위에 와인을 종류별로 준비한다.

대화문 예시

"손님, 와인 드시겠습니까? 레드 와인으로는 프랑스 보르도 와인과 미국 캘리포니아 와인이 준비되어 있으며, 화이트 와인으로는 프랑스 버건디 와인과 미국 캘리포니아 와인이 준비되어 있습니다."

일반석

중 · 장거리 노선에서 식사할 때 음료 카트 위나 식사 카트 위에 준비한다.

대화문 예시

"손님, 와인 드시겠습니까? 레드 와인과 화이트 와인이 준비되어 있습니다. 소고기에는 레드 와인이, 해산물에는 화이트 와인이 잘 어울립니다."

2) 와인 따르기

- 와인의 Lable이 가려지지 않도록 몸통 부분을 안정적으로 잡고 승객에게 와인의 Lable을 보여 드린다.
- 와인을 따르기 전에 병을 흔들지 않는다. 고급 와인일수록 침전물이 병 밑바닥에 많이 가라앉아 있어 불순물을 따를 염려가 있기 때문이다.
- 와인 병을 와인 잔에 닿지 않도록 하고, 잔의 1/3 정도를 따른다. 와인 시음을 위해서는 1/3 이상을 따르지 않도록 한다.
- 와인을 적정량 따른 후(Pouring), 와인 병을 천천히 들어 올리면서(Stop) 병을

시계방향으로 살짝 돌려 준다(Twist).[1] 이는 와인 방울이 테이블에 떨어지지 않도록 하기 위함이다(와인 Server를 사용할 경우에는 생략해도 된다).

- Lable을 승객의 눈높이에 맞춰 보여 드리며 시음을 유도한다.
- 승객이 와인을 마음에 들어 하시면 일반적으로 잔의 1/2만큼(2/3 이하) 따르며 와인 잔이 큰 경우에는 그 이하로 따른다.
- 와인을 따른 후, 눈을 맞추며 미소를 짓는다(Eye Contact and Smile).
- 와인은 식사 후 계속 리필한다(잔량이 1/3 이하인 경우).
- 다른 종류의 와인을 서비스할 때에는 새 잔에 서비스한다.

3) Wine Open 방법

- 승객에게 Lable을 보여 드린다.
- 병목의 돌출된 아랫부분에 칼집을 넣어 Capsule을 제거한다.
- 노출된 Cork 상태를 확인한다(더럽거나 곰팡이가 있으면 깨끗이 닦는다).
- Wine Opener의 Screw의 금속부분이 병에 닿지 않도록 중앙에 꽂아 돌린다.
- Cork의 부스러기가 떨어지지 않도록 깊이 넣지 않는다.
- 어느 정도 들어가면 빼낸다.
- 빼낸 Cork가 젖어 있는지, 이상한 냄새가 나지 않는지 확인한다.

---

1 Wine Pouring 3단계: Pouring → Stop → Twist.

Wine Label의 이해와 와인 시음(Wine Tasting)

Wine Label의 이해

© TY Lim/Shutterstock.com

① Mis En Bouteille Au Chateau: Chateau(샤토), 즉 와이너리에서 병입했다는 뜻이다.

② Chateau Margaux: 샤토 마고, 즉 와인의 이름이다.

③ Grand Vin: 프랑스어로 '그랑 뱅'이라 읽고 영어로는 Great Wine이라는 뜻이다. 그러나 이 문구가 있다고 해서 위대한 와인이라고 이해하지 말고 단지 미사여구 정도로 이해하면 된다. 실제로 많은 와인에 Grand Vin이란 문구를 사용한다.

④ 1990: Vintage(빈티지)이다. 1990년에 수확한 포도로 만들었다는 뜻이다.

⑤ Premier Grand Cru Classe: 보르도(Bordeaux)의 와인등급제도에 따른 1등급이라는 뜻이다.

⑥ Appellation Margaux Controlee: 프랑스 정부가 정해 놓은 와인 생산 지역의 지리적 범위를 나타내는 '원산지 호칭 통제 시스템'(Appellation D'Origine Controlee)이다. 줄여서 Aoc라고 한다. Appellation은 '명칭', D'Origine은 '원산지', 즉 이 와인의 포도 원산지가 Margaux(마고)임을 나타낸다. 그리고 Controlee는 '통제'란 뜻이다. 종합해 보면 Margaux(마고) 지역의 포도로 만든 와인이라는 것을 정부가 보증한다는 의미이다.

⑦ 알코올 도수를 나타낸다.

⑧ 용량을 표시한다.

와인 시음(Wine Tasting)

와인을 마시기 전에 와인의 맛과 향을 시음하는 절차를 와인 테이스팅(Wine Tasting)이라고 하며 시음하는 방법은 다음과 같다.

첫째, 와인을 마시기 전에 잔을 들어 빛깔과 투명도(Appearance)를 감상한다.

- 투명도: 와인의 색깔이 맑아 보이는가, 아니면 흐리고 탁해 보이는가?
- 명암: 색감이 깊은가, 아니면 흐린가?
- 색깔: 하얀색을 배경으로 하여 글라스를 비스듬히 들고 잔의 모서리나 가장자리의 색깔을 평가한다. 레드 와인의 경우 처음에는 자줏빛으로 시작해 시간이 지남에 따라 루비나 마호가니빛이 되며 점차 갈색빛이 돈다.

둘째, 잔을 흔들어 향기(Bouquet)를 맡는다.

- 조건: 와인의 향기가 깨끗하고 맑은가, 아니면 케케묵은 냄새, 흙냄새나 상한 달걀 냄새가 나는가?
- 밀도: 코로 맡기에 너무 약한가, 아니면 너무 강한가?

셋째, 와인을 한 모금 머금고 입안에서 굴린 다음 삼킨다.

- 미각: 와인의 맛은 그 자체의 본성을 드러내는 것이다. 와인을 약간 마시고 입안에서 빙빙 돌림으로써 입, 혀, 잇몸, 입천장 등 모든 부분에 닿도록 한다.

06

기내 음료의 서비스

In-flight Beverage Service

1. 기내 음료 개요

기내 음료는 식사 전에 입맛을 돋우기 위한 식전 음료와 식사와 함께 제공되는 식중 음료, 식후에 제공되는 식후 음료로 구분된다. 식전 음료는 식욕을 돋우는 역할을 하는 Aperitif 개념으로 출발시간과 비행시간, 식사시간대에 따라 서비스 하는 방식이 다르다. 카트에 알코올 음료 및 비알코올 음료를 종류별로 준비하여 승객에게 직접 보여 주고 소개하며 제공하는 프레젠테이션(Presentation) 방식과 Tray에 주스와 생수를 준비하여 제공하는 Tray Basis 방식이 있다.

식중 음료로는 식사 메뉴의 종류에 따라 와인과 맥주, 기타 음료가 서비스되고, 식후 음료로는 커피와 차 등이 제공된다. 또한 비행 중에도 승객의 요구에 따라 다양한 음료를 제공한다.

2. 음료 서비스 준비

기내 서비스는 이륙 후 'Seat Belt Sign Off' 직후 실시한다. Seat Belt Sign이 Off 되면 Jump Seat(승무원 좌석)에서 일어나 Galley(갤리)로 가서 앞치마를 입는다. 항공사마다 상이하나, 보통 헤드폰 및 타월을 승객에게 제공한 후 음료 서비스가 이루어진다.

기내 음료를 서비스하는 방법을 크게 3가지로 나눠 Liquor Cart, Serving Cart, Tray Basis를 이용하는 방법을 각각 살펴보면 다음과 같다.

1) Liquor Cart를 이용한 음료 서비스 준비

Cart 상단에 준비할 물품

와인류, 와인 리넨, 주류, 주스류, 소프트드링크, 믹서류, 우유, 생수, 레몬 슬라이스, 머들러, 플라스틱 컵, 얼음, 얼음통, 얼음 집게

Serving Cart

Cart 내부에 준비할 물품

여분의 주스류, 여분의 소프트드링크류, 맥주, 체리, 올리브, 견과류, 우스터 소스, 타바스코 소스 등 소스류, 칵테일 픽, 머들러, 칵테일 냅킨, 여분의 우유, 여분의 생수, 여분의 플라스틱 컵, 다이어트 탄산음료

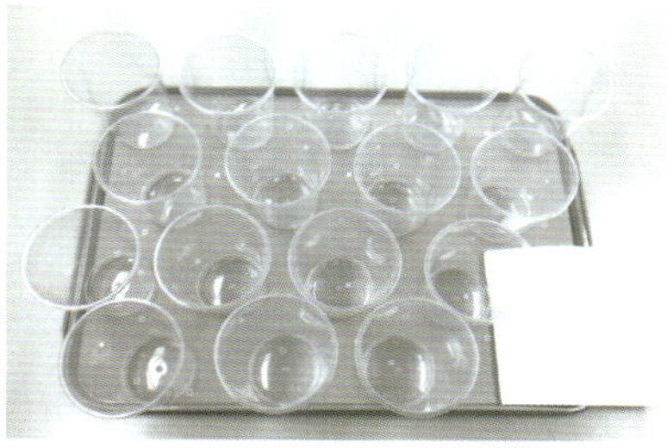

2) Serving Cart를 이용한 음료 서비스 준비

Serving Cart를 펴고 상단에 리넨을 깐 후 음료를 세팅한다. 내용물은 주류 카트를 이용한 서비스와 동일하다.

3) Tray Basis 음료 서비스 준비

Large Tray에 승객 분포를 고려하여 각종 음료를 세팅하고 한쪽에 칵테일 냅킨을 준비한다.

3. 음료 서비스 방법

1) Liquor Cart를 이용한 음료 서비스

- 일반적으로 비행시간이 3시간 이상인 구간에서 1차 식사 서비스 전에 실시하며, 모든 음료를 카트 위에 준비하여 프레젠테이션하며 서비스하는 형식이다.
- 탑재된 주류 카트의 상단에 각종 음료를 세팅하고 카트의 하단 전 · 후면에 음료 서비스에 필요한 물품을 준비한다.
- 모든 음료 및 주류는 상품명이 승객에게 바로 보일 수 있도록 준비한다.

© Sorbis / Shutterstock.com

음료를 서비스하는 승무원과 Liquor Cart 내부

- 음료 카트도 승객에게 보이는 부분이므로 카트 외부를 청결히 준비한다.
- 아침식사(Breakfast) 및 브런치(Brunch)의 경우 식전 음료(Aperitif)로 커피와 차 등 뜨거운 음료(Hot Beverage)를 함께 제공한다.
- 승객에게 제공되는 음료의 종류를 간략히 설명한 후 주문받는다.
- 카트에 준비되지 않은 음료는 갤리(주방)에서 별도로 준비하여 서비스하며, 기내에서 서비스되지 않는 음료는 양해를 구하고 서비스되는 다른 음료를 권한다.
- 서비스 흐름에 따라 2회 이상 충분히 리필한다.

2) Serving Cart를 이용한 음료 서비스

서비스 방법은 주류 카트를 이용한 서비스 방법과 동일하다.

3) Tray Basis 음료 서비스

- 장거리 노선의 2차 기내식 서비스 전이나 착륙 전 음료 서비스 때, 1차 기내식 서비스 전에 밤늦은 시간으로 인해 빠른 서비스 진행이 필요할 때, 그 밖에 비행 중 승객 휴식 시 수시로 음료를 제공할 때 사용한다.
- Large Tray에 시원하게 준비한 각종 주스류, Soft Drink류 등의 모든 음료를 플라스틱 컵에 따르고 한쪽에 칵테일 냅킨을 준비한다.
- 바스켓에 견과류 등 스낵류를 준비하여 승객에게 제공한다.
- 기종별 서비스 순서에 따라 구역(Zone)별 또는 통로(Aisle)별로 제공한다.

- 담당 승무원이 준비된 트레이를 담당 구역별로 들고 나가 승객으로 하여금 음료와 칵테일 냅킨을 직접 집도록 유도하여 제공한다.
- 준비되지 않은 음료를 주문받을 경우, 갤리(주방)에서 별도로 준비하여 제공한다.
- Tray에 준비된 음료의 종류가 소진되어 한두 종류의 음료만 남았을 경우, 갤리에서 다시 준비하여 제공한다.
- 갤리(주방) 담당 승무원은 음료 서비스가 진행되는 동안 수시로 점검하여 사용한 컵을 회수하며, 회수할 때에는 리필 여부를 확인하여 원하는 승객에게 별도로 제공한다(뜨거운 음료는 적정 온도로 제공하도록 한다).

4. 음료 서비스 시 유의사항

- 항상 밝은 표정과 단정한 복장을 유지한다.
- 서비스 직전에 반드시 손을 깨끗이 씻는다.
- 서비스 전에 반드시 Tray를 편 후, 칵테일 냅킨을 깔고 서비스한다.
- 커피를 주문받았을 경우, 설탕, 크림의 사용 여부를 확인한 후 서비스한다.
- 주스, 소프트드링크, 생수, 우유, 맥주, 화이트 와인은 반드시 시원한 상태로 서비스한다.
- Garnish(레몬 등)를 준비할 때에는 위생장갑을 착용하고 갤리에서 준비한다.
- 음료(특히 뜨거운 음료) 서비스 시 반드시 승객에게 주의를 환기시키며 제공한다.
- 승객이 원하는 음료 제공이 어려울 경우, 그에 상응하는 다른 음료를 권유한다.
- 음료를 쏟은 경우, 먼저 사과와 함께 조치를 취한 다음 사무장에게 보고하여 Cleaning Coupon[1] 발급 등의 후속 조치를 취한다.

---

1 승객 의복 손상 시 제공하는 세탁 쿠폰을 의미한다.

5. 식음료 서비스 제공 원칙

1) 주문을 받을 때

- 식음료 서비스 시 고객에게 친절한 안내자로서 고객의 요청을 받는 수동적 태도가 아니라 고객의 취향에 맞게 권유하는 적극적 태도를 지닌다.
- 모든 고객에게 차별 없이 정중하게 응대한다.
- 제공되는 Menu 및 음료의 내용을 숙지하고 승객의 기호 파악에 노력하여 고객의 취향에 맞는 적극적인 추천을 한다.
- 추천 시 가급적 외래어나 전문용어 사용은 피하며, 고객의 수준에 맞추어 이해하기 쉽게 설명한다.
- 제조 시간이 오래 걸리는 식음료를 주문받을 때에는 반드시 소요시간을 알린다.
- 주문이 끝나면 주문 내용을 복창하여 확인하고, 감사의 표정과 미소로 인사한 후 물러난다.

2) 식음료를 제공할 때

- 창측 고객에게 먼저 주문을 받고 먼저 식음료를 제공한다.
- 남녀 고객이 같이 앉아 있는 경우에는 여성 고객에게 먼저 주문받고 먼저 제공한다.
- 어린이 동반 고객의 경우에는 어린이 고객에게 먼저 주문받고 먼저 제공한다.
- 노인 고객이 같아 앉아 있는 경우에는 노인 고객에게 먼저 주문받고 먼저 제공한다.
- 고객과 마주 보아 왼쪽 고객에게는 왼손으로, 오른쪽 고객에게는 오른손으로 제공하되, 식음료가 뜨겁거나 무거울 때에는 편한 손으로 제공해도 무방하다.
- 모든 Service Item은 Tray에 준비하여 제공한다.
- 모든 Service Item은 가능한 한 뒷면이 보이지 않게 하며 고객에게 전달할 때에도 허리 중앙에 위치하여 허리 밑으로 떨어뜨리지 않도록 하며 가급적 양손으로 든다.
- 음식은 고객 앞, 안쪽에 놓이도록 제공한다.
- 뜨거운 음료는 Aisle(복도) 쪽 방향에서 따르며, 제공할 때 화상에 주의하도

록 안내한다.

- Tray 또는 접시가 절대로 고객의 머리 위를 스쳐 지나가서는 안 된다.
- 로고가 새겨져 있는 접시, 그릇, 글라스, 리넨류는 로고가 고객의 정면에 오도록 한다.
- 음식을 담는 부분에 손이 닿지 않도록 한다.
- 글라스나 컵을 승객에게 서비스할 때에는 컵의 하단 쪽 혹은 글라스의 스템(Stem) 부분을 손끝으로 안정되게 잡는다.
- 모든 식음료는 뜨겁게 서비스해야 할 것은 뜨겁게, 차갑게 서비스해야 할 것은 차갑게 제공한다.
- 잔에 얼음을 넣을 때에는 얼음을 먼저 넣고 음료를 그 위에 따른다.
- 어린이 승객 및 장애 승객에게 음료를 제공할 때에는 컵의 1/2~2/3만 채워 제공하고 더 제공한다는 안내를 한 후, 잠시 후 같은 양으로 리필한다.
- 고객이 Service Item을 떨어뜨렸을 때에는 먼저 해당되는 Service Item을 제공하고 떨어진 Service Item은 타월이나 Paper Napkin을 사용하여 집어 올려 치운다.
- 컵을 고객에게 건넬 때에는 위생상 잔의 하단 쪽을 손끝으로 안정되게 잡는다.
- 음료는 고객의 오른쪽에 놓아 드린다.
- 식음료를 제공할 때에는 “주문하신 ○○○입니다. 맛있게 드십시오.”라고 말씀드려 고객이 주문한 내용을 확인시켜 드린다.
- 모든 Service Item 및 식음료를 제공할 때 일사일언(一事一言)[2]을 실천한다.

3) 식음료를 회수할 때

- 식음료를 회수할 때에는 손으로 Service Item을 가리키며 “맛있게 드셨습니까? 치워도 되겠습니까?”라고 고객에게 취식에 대한 만족도를 확인하고 회수 여부를 여쭈어 본 뒤 치워 드린다.
- 통로 쪽 고객부터 회수하며, 안쪽 고객의 음식을 치울 경우 통로 쪽 고객에게 양해를 구하고 회수한다.

---

2 행동과 말을 함께 하는 것. 예를 들어 음료를 제공하면서 동시에 “맛있게 드십시오”라고 말하는 것을 의미한다.

- Tray로 회수 시 회수한 Item은 몸의 가까운 쪽부터 놓는다.
- 무거운 것이나 부피가 큰 것은 Tray 안쪽으로 놓는 것이 안전하다.
- 접시를 회수할 때에는 접시류와 Cutlery를 포개어 소음 및 미끄러짐 현상 등이 발생하지 않도록 구분하여 정리 및 회수한다.
- Tray의 방향이 통로 쪽에 위치하도록 하여 회수한다.
- 식음료를 서비스할 때와 회수할 때에는 절대로 승객의 머리 위를 스쳐 지나가서는 안 된다.

4) 음료 서비스 기준

- Breakfast/Brunch 경우에는 Aperitif(식전 주류)로 차가운 음료 외에 커피와 Tea 등의 뜨거운 음료를 함께 제공한다.
- 모든 주스류는 차갑게 준비하여 서비스하며, Soft Drink류는 Chilling된 상태에서 얼음과 함께 제공한다(단거리/국내선의 경우 얼음이 탑재되지 않으므로 충분히 차갑게 한다).
- 뜨거운 음료는 최소 1회 이상 Refill한다.

5) 알코올성 음료 제공 규정

- 만 19세 미만의 미성년 승객에게는 알코올성 음료 제공을 금한다(단 19세에 도달하는 해의 1월 1일을 맞이한 승객은 제외한다. 미성년 여부의 확인이 필요한 경우, 승객이 불쾌하지 않도록 유의하여 여권 등의 신분증 확인을 요청한다).
- 서비스한 알코올성 음료를 기내에서 마시지 않고 항공기 밖으로 반출하려는 의도를 가진 승객에게는 알코올성 음료를 제공하지 않음을 정중히 안내한다.
- 알코올성 음료를 3회 이상 제공한 승객에게는 이후 매번 대화를 조심스럽게 시도하고 행동을 관찰해야 한다.
- 과음으로 인한 불상사를 방지하기 위해서 알코올성 음료를 제공한 승객에게 특이사항이 있을 경우에는 객실 승무원 간에 정보를 공유해야 한다.

6. 음료 서비스 기물 사용법

1) Tray

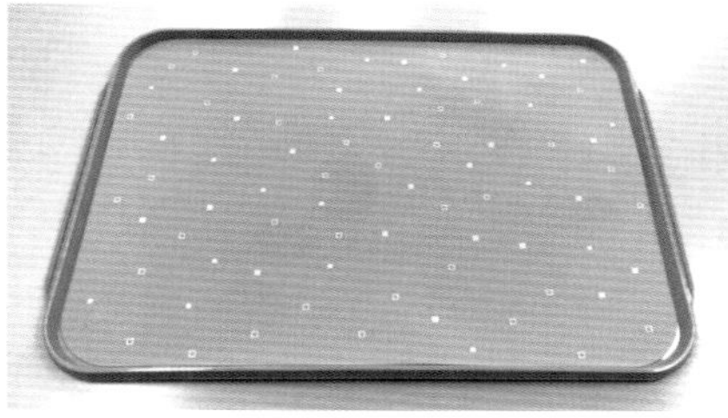

- 사용 전 Tray에 Tray 매트를 깔아 서비스 용품이 미끄러지는 것을 방지한다.
- Tray를 잡을 때에는 가슴과 수평이 되도록 잡고, Tray의 긴 쪽이 통로와 평행이 되도록 한다.
- 승객에게 Tray 밑면이 보이지 않도록 하며, 옆구리에 끼거나 흔들고 다니지 않는다.
- 회수할 때 Tray 위치는 통로 쪽을 향하도록 한다.
- 회수할 때 회수한 기물은 몸의 가까운 쪽부터 놓는다. 특히 무거운 것이나 부피가 큰 것은 몸쪽으로 놓는 것이 안전하다.

2) Cup

입이 닿는 컵의 윗부분은 만지지 않으며 컵 안쪽에 손가락을 넣어서도 안 된다. 컵에 새겨진 로고(Logo)가 있는 경우 로고가 승객 앞쪽으로 보이게 놓는다. 승객의 식사 테이블에 컵을 놓을 때 소리가 나지 않도록 하고, 반드시 냅킨을 함께 서비스한다.

3) 기타 기물의 종류와 용도

종류	용도	주의사항
Ice Bucket/Ice Tongs	얼음통/얼음 집게	얼음 주걱, 얼음 송곳 등 갤리에서 사용하는 기물은 승객이 보이지 않는 곳에서 사용한다.
Ice Scoop	얼음 주걱(얼음을 떠서 담는 데 사용)	
Pot	주전자(커피, 차)	
Muddler Box	설탕, 크림, 티백, 머들러 등을 담는 통	
Ice Pick	얼음 송곳(얼음을 깨는 데 사용)	

현장 사례

사례 내용 1

이륙 후 음료 서비스 시 화이트 와인을 두 잔 주문하여 마시게 되었습니다. 그런데 가져다준 와인이 너무 시원하지 않아 더 차갑게 해 줄 것을 요청했습니다. 그런데 한참을 지나 식사 서비스가 될 시점까지도 와인을 가져다주지 않아 다시 요청하게 되었습니다. 승무원은 그제서야 죄송하다며 와인을 가져다주었는데 와인이 한 잔이었습니다. 도대체 승객의 말을 경청은 하는 건지... 정말 여러 가지로 실망스러웠습니다.

발생 원인

- 식음료 서비스 기준에 따라 화이트 와인은 시원하게 준비해서 서비스해야 하나 서비스 준비 상태가 미흡했음
- 서비스가 미흡했던 부분에 대해 적절한 사과와 응대가 이루어지지 않았음
- 승객의 주문을 즉시 메모하여 응대하는 기본원칙을 준수하지 않았음
- 음료를 다시 Chilling하는 데 준비시간이 필요했음에도 불구하고 승객에게 예상 소요시간을 안내하지 않았음

해결 방안

- 식음료 서비스 기준에 따라 차가운 것은 차갑게, 뜨거운 것은 뜨겁게 서비스될 수 있도록 서비스 온도를 미리 체크한 후 제공해야 함
- 화이트 와인의 서비스 온도는 6~12도가 적당하며, 서비스 중 쉽게 온도가 올라갈 수 있으므로 서비스 대기 중에도 상시 차가울 수 있도록 주의를 기울여야 함
- 승객의 요청사항은 항상 메모하여 잊지 않도록 하며, 즉시 해결할 수 있는 사항은 바로 제공하도록 노력해야 함
- 식음료 서비스 시 준비시간이 필요한 경우, 승객에게 예상 소요시간을 명확히 안내해야 함

사례 내용 2

식사 중에 승무원에게 커피를 주문했더니, 잠시 후에 나온다며 그냥 지나쳐 버렸다. 한참을 기다려도 커피는 서비스되지 않았으며, 결국 모든 식사가 끝난 후에야 받을 수 있었다. 늦게 가져다준 커피는 심지어 미지근하기까지 했다. 너무 화가 나서 마시지 않고 모두 남겼는데 그 승무원은 식사를 회수하며 내가 남긴 커피에는 아무런 관심도 없는 듯했다. 이 점이 나를 더 화나게 했다.

발생 원인

- 승객의 요청을 즉시 해결하지 않았고, 서비스 지연에 대한 승무원의 적절한 응대가 없었음
- 커피 서비스 시 미리 온도를 확인해야 하는 기본원칙을 준수하지 않았음

해결 방안

- 승객의 요청이 무엇이든 즉시 해결해야 함
- 커피는 적정시점에 내려서(Brew) 신선한 커피를 제공하도록 함
- 서비스 직전 다시 한번 온도를 체크하여 최상의 온도로 서비스해야 함
- 승객이 주문한 식음료를 모두 남기셨을 경우 만족 여부를 여쭤 보고, 식음료에 대해 불만족스러워하실 경우 대체 서비스를 제공하려는 노력이 필요함

잠깐! 점검해 볼까요?

01 음료의 이해

1. 음료의 개요를 정리해 보세요.

2. 음료와 음식의 관계를 정리해 보세요.

02 알코올 음료의 이해

1. 알코올 음료의 종류와 특징을 정리해 보세요.

2. 알코올 음료의 대표 브랜드를 정리해 보세요.

03 칵테일의 이해

1. 칵테일의 기본 요소는 무엇인가요?

2. Gin과 Vodka Base의 칵테일을 각각 만들어 보세요.

04 비알코올 음료의 이해

1. 비알코올 음료의 종류를 정리해 보세요.

2. 차와 커피의 적정 온도는 몇 도인가요?

05 와인의 이해

1. Wine 따르기 3단계에 의거하여 Wine을 서비스해 보세요.

2. 식사 종류에 맞는 Wine을 승객에게 추천해 보세요.

06 기내 음료의 서비스

1. 기내에서 제공되는 음료의 종류를 열거해 보세요.

2. 식음료 제공 시 유의해야 할 사항을 참고하여 음료를 서비스해 보세요.

Baby bassinet to be removed and stowed
during take off and landing

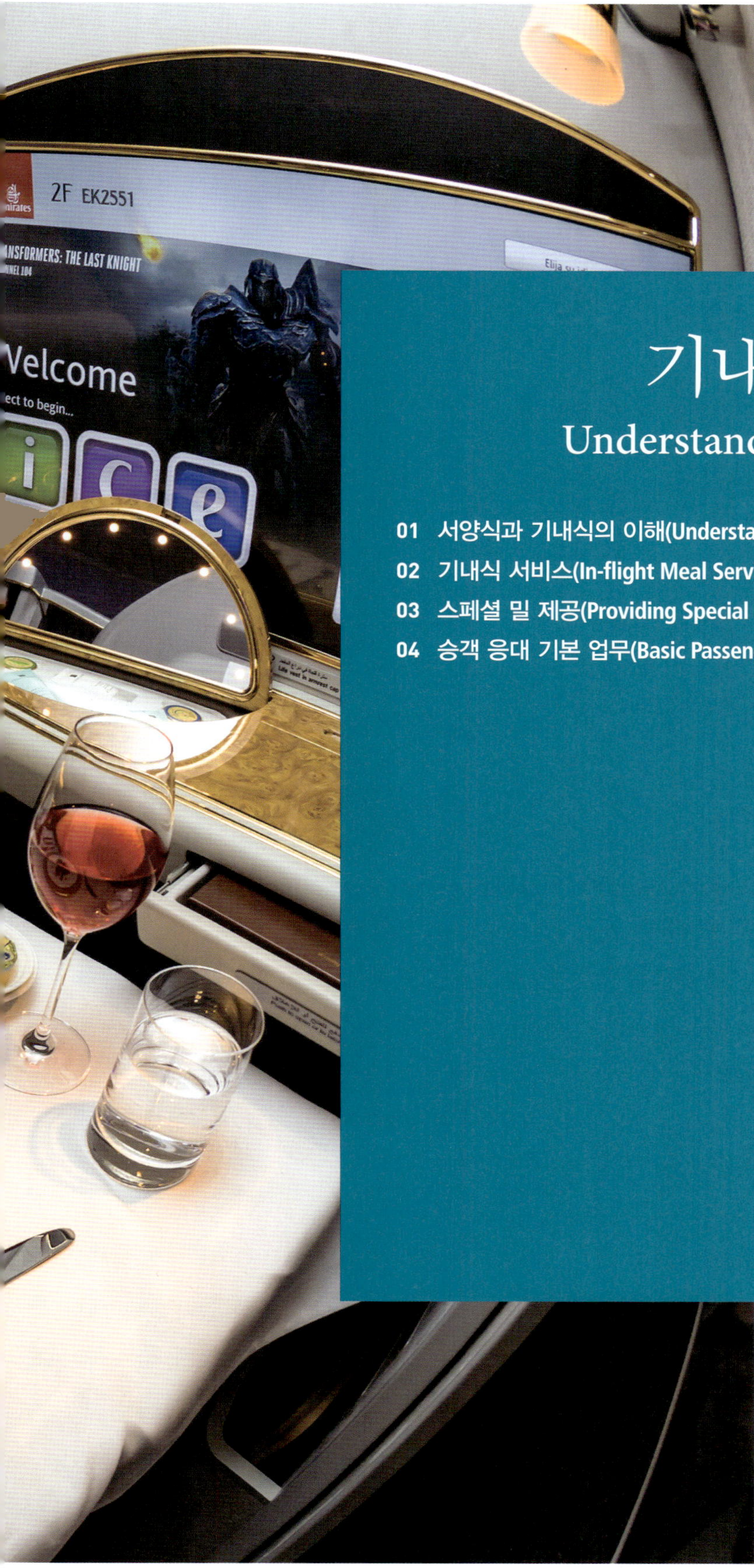

기내식 이해하기
Understanding of In-flight Meal

2

01
서양식과 기내식의 이해
Understanding of Western and In-flight Meal

1. 서양식의 특성

1) 요리의 구성

서양 요리는 Course(코스)별로 제공되며 한상차림으로 제공되는 한식 문화와는 매우 대조적이다. 서양식은 신선하고 우수한 품질의 재료를 바탕으로 각 Course마다 개성 있는 Menu로 구성되며, 각 Course별 Menu는 맛과 풍미에 있어서 나름대로 질서와 미를 추구한다.

식사의 양은 Light → Heavy → Light 순으로, 식사의 맛은 식욕을 촉진할 수 있는 단맛이 적은 Dry한 맛에서 소화에 용이한 Sweet한 맛 순으로 구성된다. 각 Course별 Menu는 시간대별로 짜여서 식사의 흐름에 따라 타이밍에 맞추어 제공된다.

2) 서양식 Menu의 종류

서양식 Menu에는 모든 Course가 제공되는 Table D'Hote(타블 도테), Course 중 자유로이 선택하여 먹을 수 있는 Ã La Carte(알라 카르트), 요리사가 권하는 Special Menu가 있다.

Table D'Hote(타블 도테: 정식 메뉴)

일명 Full Course 요리라고 불리는 메뉴로 일정한 순서대로 미리 짜여 있어 모든 코스가 본인의 선호 여부와 관계없이 제공된다. 고객은 메뉴에 대한 선택 기회가 없는 반면 그 차림표와 가격을 쉽게 이해할 수 있는 이점이 있다. 대체로 값이 비싸고 질이 우수한 메뉴들이 제공된다.

저녁식사

MENU

식전 서비스

구운 피망을 곁들인 훈제 연어

전채요리

캐비아

수프

감자 크림 수프

샐러드

시저 샐러드

주요리

구운 쇠고기 안심 스테이크에 포트 와인 소스를 곁들여
렌틸콩, 가지 및 각종 야채를 서비스합니다.

디저트

신선한 계절 과일 또는 아이스크림

각종 빵

소프트 롤, 마늘빵, 스콘

커피/녹차/홍차

타블 도테 메뉴 리스트

Ã La Carte(알라 카르트: 일품요리)

각 코스별 다양한 메뉴 중에서 식성대로 한 가지씩 자유로이 선택하여 먹을 수 있는 차림표이다. 일품요리 메뉴는 품목별로 가격을 정해 놓은 것으로 종류에 따라 가격의 차이가 있으며, 값이 비싼 특별요리도 많다.

Special Menu(주방장 추천)

특별요리 메뉴는 고기요리를 중심으로 미리 짜인 Menu로 고객의 기호에 맞추어 양질의 재료로 때와 장소, 계절에 맞게, 고객에게 매일 변화 있는 메뉴를 저렴한 가격으로 제공하기 위한 것이다. 가격이 합리적이고 메뉴 구성도 알찬 편이어서 인기 있는 메뉴이다.

3) 서양식 Dinner Course

Bread	Hors D'Oeuvre (오르되브르)	Soup	Salad	Main Dish	Dessert	Hot Beverage

2. 서양식 코스별 이해

1) Bread

Bread의 역할

혀에 남은 맛을 씻어 주어 코스별로 서비스되는 음식 고유의 맛을 즐길 수 있게 해 준다.

Bread의 종류

- Dinner Bread에는 Hard Roll, Soft Roll, French Baguette, Rye Bread, Garlic Bread 등이 있다.
- Breakfast Bread에는 Danish Roll, Brioche, Croissant, Muffin 등이 있다.

Soft Roll

Hard Roll

Garlic Bread

Rye Bread

Danish Roll

Brioche

Croissant

Muffin

2) Hors D'Oeuvre(Appetizer)

제일 처음 시작되는 요리로 양보다 질을 더 중요시한다. 색채와 장식이 아름답고 화려한 것이 특징이며, 신맛과 짠맛이 가미되어 식욕을 돋우는 역할을 한다. 주요리와 재료가 중복되지 않게 균형을 고려해야 한다.

Hors D'Oeuvre의 종류

- Caviar(캐비아): 철갑상어의 알로 Hors D'Oeuvre Menu 중 가장 대표적인 고급 음식이다. 단백질, 비타민 등 몸에 좋은 영양소를 많이 함유하고 있고, 소화가 잘되고 콜레스테롤도 전혀 만들어 내지 않는 100% 완전 흡수 식품이다. 주로 계란과 양파, 레몬을 곁들여 먹거나 얇은 토스트 위에 버터만 바르고 캐비아를 얹어 먹는다.
- Smoked Salmon(훈제 연어): 훈제 연어로 주로 레몬, 양파, 케이퍼(Caper) 등과 함께 먹는다.
- 푸아그라(Foie Gras): 거위의 간을 익힌 요리로 송로버섯(Truffle)과 잘 어울리며, 차게 해서 먹는다.
- 스모크 햄(Smoked Ham): 훈제 햄으로 주로 Melon Ball과 함께 먹는다.
- 카나페(Canapé): 얇고 작게 자른 빵 조각 위에 여러 가지 재료(Caviar, Foie

캐비아

훈제 연어

푸아그라

스모크 햄

카나페

칵테일 새우

Gras, Smoked Salmon, Ham, Cheese 등)를 얹어서 만든 요리이다.

- 기타: 삶은 게의 집게발(Crab Claw), 새우(Shrimp) 등의 해산물(Seafood)류가 있다.

3) Soup

Soup의 역할

주요리 전에 제공되어 식욕을 돋우고 이어지는 음식의 소화를 돕는다. 또한 위벽을 보호하며 알코올 음료에 대한 저항력을 강화해 준다.

Soup의 종류와 특성

- Clear Soup(Consomme, 콩소메): 맑고 투명하며 주로 코냑과 색이 비슷한 것이 특징이며 주재료나 곁들임에 따라 Soup의 이름이 다양하게 바뀐다.
- Thick Soup(Potage, 포타주): 녹말이 함유되어 걸쭉하며 담백한 요리에 어울린다. 크림 Soup 종류의 대부분이 Thick Soup이다.

Consomme

Potage

4) Salad

Salad의 역할

Salad는 고기의 강한 산성 맛을 중화시키는 영양학적 의미를 지닌다.

Salad의 구성

- Base: Green Lettuce(샐러드의 가장 기본이 되는 채소들이다.)
- Body: Endive, Chicory, Radiccio, Leek, Celery, Radish, Water Cress(진녹색,

보라색, 빨간색 등의 채소로 샐러드를 한층 더 화려하게 해 준다.)

- Garnish: Olive, Baby Corn, Cherry Tomato, Cucumber, Cruton(샐러드의 장식)
- Dressing: French Dressing, Italian Dressing, Thousand Island Dressing 등(샐러드 소스)

Salad

Dressing

Salad 4C

샐러드는 색채감이 화려해야 하고, 시원한 상태로 제공되어야 하며, 식감은 아삭해야 하고, 깨끗하게 세척해서 사용해야 한다. 이를 4C(Colorful, Cool, Crispy, Clean)라고 한다.

5) 주요리(Main Dish)

주요리로 제공되는 모든 요리를 Entrée(앙트레)라고도 한다.

앙트레(Entrée)

서양식 코스(Course) 중 본격적으로 시작되는 요리로 육류(Beef, Veal, Lamb), 해산물류(Fish, Shellfish), 가금류(Chicken, Duck, Turkey) 등이 있으며, 소스(Sauce)와 함께 곁들인다.

녹말류(Starch)

녹말이 함유되어 있는 재료로 만든 밥, 감자, 국수 등을 의미한다.

채소류(Vegetable)

당근, 브로콜리, 아스파라거스 등 곁들이는 데운 채소를 의미한다.

Starch와 Vegetable이 적절히 조화된 주요리

6) 디저트

'추가(Dessert)'라는 뜻으로 음식을 다 먹은 후에 추가되는 음식을 말한다. 식사의 마지막 코스로, 시각적으로 화려하게 만들어지며, 지나치게 달거나 기름지지 않고 산뜻한 맛을 낸다.

- 디저트의 역할: 그날의 식사에 대한 맛의 음미가 기억에 남게 한다.
- 디저트의 종류: 치즈, 과일, 스위트 디시(Sweet Dish)

치즈(Cheese)

주로 우유나 양, 산양 등의 젖을 응축시킨 대표적인 단백질 식품으로 지방, 칼슘 등을 함유한 고영양 식품이며 소화도 잘된다. 치즈는 만드는 방법, 생산지, 숙성 정도 등에 의해 맛과 향이 다르며 각기 고유의 특색을 지닌다.

일등석에서 제공하는 치즈와 과일

대표적인 치즈의 종류와 특성

Cheese 이름	맛과 향	특징
Camenbert(카망베르)	부드러운 맛	치즈 안은 노란빛의 크림색을 띠며, 바깥 표면은 단백질의 흰 곰팡이로 덮여 있다.
Brie(브리)	부드러운 맛	Camenbert와 비슷하며 맛이 더 강하다.
Emmenthal(에망탈)	약간 단(Sweet) 호두맛	스위스의 대표 치즈로 동전만한 구멍이 많이 나 있다.
Gruyere(그뤼에르)	Emmenthal보다 약간 더 강한 맛	Emmenthal과 같은 종류의 치즈로 구멍의 크기가 작다.
Parmesan(파르메산)	고소하고 약간 짠맛	주로 분말로 만들어 사용한다. 피자, 샐러드, 스파게티에 많이 사용된다.
Edam(이담)	부드러운 맛이 나며 약간 짠맛	빨간 표피로 덮여 있어 '빨간 공'이라 불린다.
Gouda(구다)	Edam보다 부드러운 맛	Edam과 비슷한 빨간 표피로 덮여 있으며, 지방이 Edam보다 더 많고 매끄러우며 탄력이 있다.
Boursin(부르생)	Creamy하고 독특한 향내가 남	70% 정도의 지방을 함유하며 Parsely나 Black Pepper를 묻히기도 한다.
Chedder(체더)	약간 신맛이 나며 부드러움	부담 없는 맛으로 누구나 좋아하는 치즈이며 흰색과 노란색이 있다.

과일(Fruits)

계절 감각이 드러나는 풍성함과 화려함으로 디저트 코스(Dessert Course)의 신선함을 제공하는 역할을 한다.

스위트 디시(Sweet Dish)

색깔, 장식 등이 섬세하게 만들어진 요리로 특히 식사를 화려하게 장식해 주는 역할을 한다. 아이스크림(Ice Cream), 파이(Pie), 젤리(Jelly), 푸딩(Pudding), 무스(Mousse), 셔벗(Sherbet), 프티푸르(Petits Fours) 등이 있다.

7) 뜨거운 음료(Hot Beverage)

따뜻한 커피나 녹차, 홍차 등을 마신다.

3. 서양식 아침식사

1) 아침식사의 구분

서양의 아침식사는 각 나라마다 차이가 있으나 크게 미국식 아침식사(American Breakfast)와 유럽식 아침식사(Continental Breakfast)로 구분한다.

유럽식(Continental Breakfast)

영국을 제외한 유럽식의 조식을 의미하며 크루아상(Croissant), 브리오슈(Brioche) 등의 아침 빵과 커피, 차(Tea), 우유, 주스 등의 음료만으로 이루어진 간단한 식사이다. 감자 요리나 달걀, 소시지 등의 일품요리(Ã La Carte)를 추가하기도 한다.

미국식(American Breakfast)

과일 주스로 시작하여 시리얼(Cereal)류, 아침 빵(Breakfast Roll), 토스트, 잼, 달걀요리, 커피, 차 등으로 구성된다.

2) 아침식사 메뉴의 구성

아침 빵(Breakfast Roll)

아침 빵은 식사의 개념으로 먹으며, 일반적으로 따뜻하게 먹는다. 크루아상(Croissant), 브리오슈(Brioche), 머핀(Muffin), 대니시 롤(Danish Roll), 커피 케이크(Coffee Cake) 등이 있다.

과일 주스(Fruit Juice)

주로 오렌지, 사과, 그레이프프루트, 토마토, 살구 주스 등을 신선하게 마신다.

과일(Fruit)

아침식사 때에는 전채로 먹으며, 신선한 생과일이나 통조림으로 가공된 과일이 있다.

기내식 아침식사

시리얼/요구르트

시리얼은 곡물을 튀기거나 가공한 것으로 우유, 설탕 등과 함께 먹는다. 요구르트는 우유에 유산균을 넣어 걸쭉하게 응고시킨 유동식으로 과일, 향료, 당분 등이 첨가되기도 한다.

주요리(Main Dish)

주로 달걀이 사용되며, 달걀과 잘 어울리는 그릴 요리(Mixed Grill)와 녹말류(Starch), 채소류(Vegetable)가 곁들여진다.

- Egg Dish: Omelette, Scrambled Egg, Poached Egg, Boiled Egg 등
- Mixed Grill: Ham, Bacon, Sausage(Pork류), 소형 스테이크인 Minute Steak 등
- Starch: Hash Brown(Potato), Sweet Potato 등
- Vegetable: Tomato, Mushroom 등

Omelette

Scrambled Egg

02

기내식 서비스

In-flight Meal Service

수행 준거

- 객실 서비스 규정에 따라 기내에서 제공되는 식사를 위한 세팅(Setting) 및 데우기(Heating) 등을 수행할 수 있다.
- 객실 서비스 규정에 따라 승객 선호를 확인하여, 테이블 매너에 따른 기내식을 서비스 및 회수할 수 있다.

1. 기내식 개요

1) 기내식의 특성

기내식은 비행 중 승객에게 제공되는 식사로, 승객들이 항공여행을 할 때 가장 크게 기대하는 서비스 중 하나이다. 그리고 기내식 서비스는 승객이 해당 항공

Galley

사에 대해 갖는 항공사의 이미지와 깊은 연관이 있어, 특색 있고 차별화되는 기내식을 개발하기 위한 노력이 계속되고 있다. 기내식은 3~4개월마다 주기적으로 메뉴를 변경하여 승객의 요구를 충족할 수 있도록 하고 있다.

기내식은 각 항공사마다 승객들의 다양한 기호에 부합되는 식음료의 계획, 구입, 관리, 제조, 공급 등을 전담하는 기내식 제조회사에 의해 해당 항공편에 탑재된다.

또 항공사마다 각 고유의 이미지를 살려 전용 기물을 디자인, 제작하여 사용하고 있다. 기물은 음식을 담는 일인용 식기류에서부터 트레이, 카트, 캐리어 박스 등 항공기 내 전용 서비스 기물 및 용기를 이용하여 항공기까지 운반되며, 항공기 내부의 갤리(Galley)에 탑재된다.

2) 기내식의 관리

기내식은 기내식 제조회사에서 관리되어 탑재되지만 기내에 탑재되는 순간부터는 객실 승무원의 철저한 보관과 관리가 필요하다. 갤리(Galley)에 설치된 Chiller(냉장 장치)와 오븐(Oven), 냉장고, 드라이아이스 등을 활용하여 기내식이 신선하고 위생적으로 승객에게 제공될 수 있도록 해야 한다.

3) 기내식의 종류

기내식은 일반식과 스페셜 밀(Special Meal)로 구분된다. 그리고 일반식은 다시 데워서 제공하는 Hot Meal과 데우지 않고 바로 제공하는 Cold Meal로 구분된다. 기내 식음료의 구성은 서양 식음료를 바탕으로 하기 때문에 자신 있는 서비스를 위해서는 서양식에 관한 기본적인 지식을 습득해야 한다.

항공사는 운항 노선에 따라 승객의 특성을 고려하여 한식, 중식, 일식 및 기타 현지 음식 메뉴도 제공하며, 메뉴 구성은 비행 구간 및 시간, 객실 등급에 따라 달라진다. 국내 항공사의 경우 한식의 보급이 일반화됨에 따라 비빔밥, 영양쌈밥, 불갈비, 갈비찜 등 다양한 한식 메뉴를 선보임으로써 한국인에게는 고향의 맛을 선사하고, 외국인에게는 한국 음식을 맛보는 기회를 제공하고 있다. 또한 외국 항공사도 한국 고객의 비중을 고려하여 김치나 고추장 등의 한국 음식을 제공하기도 한다.

4) 기내식의 구성

기내식은 일등석과 비즈니스석에서는 서양식 코스요리의 절차에 따라 순서대로 제공되고, 일반석에서는 서양식 코스요리를 한상에 담아 (한상차림, Pre-set Tray) 제공된다.

전채요리(Hors D'Oeuvre)

Smoked Ham, Smoked Salmon, Shrimp 등이 제공된다.

빵(Bread)

Hard Roll, Soft Roll 등이 제공된다.

와인/물(Wine/Water)

샐러드(Salad)

각종 신선한 채소가 드레싱과 함께 제공된다.

주요리(Entrée)

쇠고기, 생선, 닭 등의 양식과 불갈비, 비빔밥 등의 한식 중 두세 가지가 탑재된다.

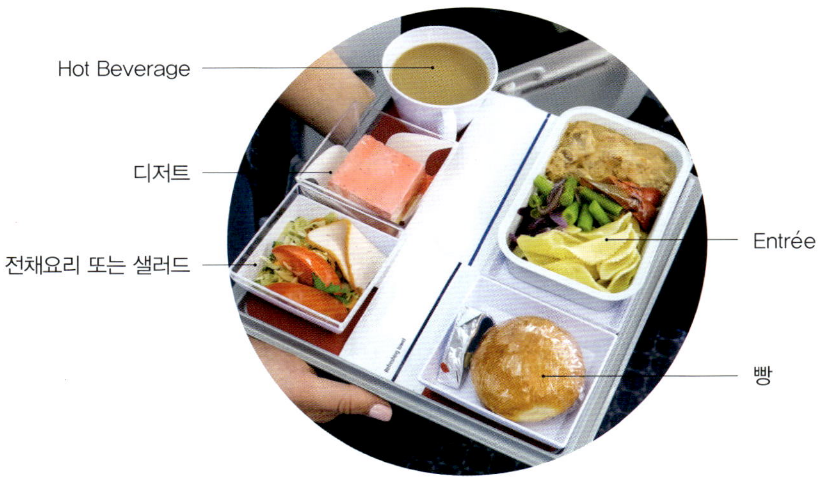

일반석 기내식

Hot Meal

Cold Meal

디저트(Dessert)

치즈, 스위트 디시, 과일 등이며, 노선에 따라 특색 있는 후식이 제공된다.

뜨거운 음료(Hot Beverage)

커피 및 홍차, 녹차 등의 차(Tea)류가 제공된다.

5) 비행시간에 따른 분류

기내식은 비행시간에 따라 제공되는 기내식의 종류가 달라진다. 비행시간 2시간 이내에는 Cold Meal(데우지 않는 음식)이 제공되고, 비행시간 2시간 이후에는 Hot Meal(데워서 제공하는 음식)이 제공된다. 또한 비행시간에 따라 제공되는 기내식 횟수도 달라지며 자세한 내용은 다음과 같다.

비행시간에 따른 기내식 제공 횟수	
비행 예정시간 6시간 미만	1회
비행 예정시간 6시간 이상 ~ 8시간 미만	1회 + 간식
비행 예정시간 8시간 이상	2회 + 간식

6) 서비스 시간에 따른 구분

기내식은 현지 출발시간을 기준으로 하여 분류하며, 항공사별로 상이하나 승객의 생체 리듬을 고려하고 출발 및 도착시간과 비행시간에 따라 다음과 같이 구분한다.

서비스 시간에 따른 기내식 구분	
서비스 시간대	기내식
04 : 00 ~ 09 : 00	Breakfast(Brf / Bt)
09 : 00 ~ 11 : 00	Brunch(Brch / Bh)
11 : 00 ~ 14 : 00	Lunch(Lch / Lh)
17 : 00 ~ 22 : 00	Dinner(Dnr / Dr)
22 : 00 ~ 24 : 00	Supper(Spr / Sr)
기타 시간	Refreshment, Light Meal(Snx), Snack(Hsk / Ls) 등

2. 기내식 및 서비스의 Procedure

1) 장거리 비행의 일반적인 서비스 순서

1. Headphone
2. Amenity Kit
3. Refreshing Towel
4. Aperitif (음료 서비스)
5. 1st Meal Tray (식사 서비스)
6. Hot Beverage
7. Meal Tray 회수
8. Clear Off
9. 입국서류 배포
10. 면세품 판매
11. 승객 휴식
12. Hot Towel
13. Aperitif
14. 2nd Meal Tray
15. Meal Tray 회수
16. Clear Off
17. 착륙 준비

2) 중거리 비행의 일반적인 서비스 순서

1. Headphone
2. Amenity Kit
3. Refreshing Towel
4. Aperitif (음료 서비스)
5. Meal Tray (식사 서비스)
6. Hot Beverage
7. Meal Tray 회수
8. Clear Off
9. 입국서류 배포
10. 면세품 판매
11. 승객 휴식
12. Aperitif
13. 착륙 준비

3) 단거리 비행의 일반적인 서비스 순서

1. 입국서류 배포
2. Meal Tray + Hot Beverage
3. Meal Tray 회수
4. 면세품 판매
5. 착륙 준비

3. 기내 서비스 준비

1) 갤리 브리핑(Galley Briefing)의 의의

서비스 시작 전에 각 담당 구역별로 갤리 브리핑을 실시한다. 이는 원활한 서비스를 위한 기본으로 갤리에서의 효율적인 작업 준비가 밑바탕이 되어야 승객에게 정확하고 신속한 서비스가 가능하기 때문이다. 국제선 중/장거리 노선에서 이륙 후 기내 서비스 개시 전 및 항공기 도착 전 적정시점에 Class별 또는 Zone별로 선임 객실 승무원이 주관하여 승객 및 기내식 관련 정보를 공유하고 서비스 이행 내역을 확인하는 객실 승무원의 업무이다.

2) 갤리 브리핑의 내용

■ 기내 서비스 개시 전

- 탑승객 정보
- 보관물품 접수 여부 확인
- Meal의 내용 및 수량
- 스페셜 밀의 내용 및 수량
- 서비스 방법
- 서비스 시 유의사항

■ 항공기 도착 전

- Meal(SPML 포함)을 비롯한 서비스
- 비행 중 발생했던 다양한 문제에 대한 해결 확인
- 불만 승객 발생 및 조치 사항
- Special 승객 Care 및 서비스 확인
- 보관물품 반환 여부 확인
- SSR에 언급된 승객 관련 사항 등

3) 갤리 브리핑의 중요성

기내식 서비스를 개시하기 전에 서비스 Item, Meal의 종류와 수량, 서비스 방법에 대한 정보 교환 및 브리핑을 통해 승객 탑승 시 Zone별로 파악된 승객의 특이사항과 정보를 승무원 간에 공유한다. 또한 항공기 도착 전에 승객이 요청한 사항을 승무원이 망각하지 않고 정확히 이행했는지 여부를 최종적으로 점검함으로써 서비스 불량 사례를 해소할 수 있다.

현장 사례

사례 내용

식사시간에 승무원이 우리 아기 식사라며 식사를 가져다주더군요. 주문도 하지 않았는데 우리 아기를 위한 식사를 주시다니 매우 고마웠습니다. 그러나 고마운 마음도 잠시… 조금 후에 다른 승무원이 당황한 눈빛으로 식사를 잘못 주었고 우리 아기가 먹고 있던 식사는 뒤쪽 승객 아이의 식사였다고 하더군요. 그러면서 우리 아기가 먹고 있던 식사를 빼앗아 가더니 다시 그 식사를 뒤쪽 승객 아기한테 서비스하는 것이었습니다. 먹을 때에는 뭐도 안 건드린다고 하던데! 먹던 것을 빼앗아 가더니… 그리고 그것을 다시 다른 승객에게 서비스하다니!!

발생 원인

- 서비스 시작 전 갤리 브리핑 시, 스페셜 밀 정보를 공유하지 않았음
- 스페셜 밀 주문 여부 확인 시, SSR을 이용하여 주문 승객의 성명을 정확히 확인하지 않았음

해결 방안

- 서비스 전 갤리 브리핑을 통해, 스페셜 밀 등 승객 관련 정보를 공유해야 함
- 스페셜 밀 서비스는 정확한 규정 숙지 후 관련 지침에 의해 진행해야 함
- 스페셜 밀은 승객들이 특별한 사유로 신청한 식사이기 때문에 오전달될 경우 문제 해결이 쉽지 않으므로 각별히 유의해야 함
- 스페셜 밀이 오전달된 경우, 승객 취식 중 발견 시에는 잘못 전달되어 취식 중인 승객에게는 정중히 사과하고 일반식으로의 변경 여부를 확인해야 함
- 예약 시 스페셜 밀을 주문한 승객에게는 정중히 사과하고 대체 서비스 방안을 강구해야 함

4. 기내 서비스 실시

1) Headphone 서비스

■ 준비 방법

- 담당 구역 승객 수에 맞게 Serving Cart나 Tray에 가지런히 준비한다.
- 항공사마다 서비스 방법은 상이하며, 승객 탑승 전 승객 좌석에 미리 준비하는 경우도 많다.

■ 서비스 방법

- 승객과 Eye Contact를 하며 헤드폰을 제공한다.

2) Hand Towel 서비스

Hand Towel 서비스는 Disposable Towel과 Hot Towel(Cotton Towel) 서비스로 나누어지며 각각의 준비 및 서비스 방법은 다음과 같다.

■ Disposable Towel 준비 방법

- 담당 구역 승객 수에 맞게 Towel Basket에 가지런히 담는다.
- 항공사마다 상이하고, 기내식 Tray에 Pre-Setting되어 있기도 하다.

■ Disposable Towel 서비스 방법

- 손으로 집어 하나씩 서비스한다.
- 회수 시에는 승객이 직접 Basket에 담을 수 있도록 유도한다.

■ Hot Towel(Cotton Towel) 준비 방법

- Towel을 데우기 전에 Towel의 습기, 청결상태, 냄새 등을 확인한다.

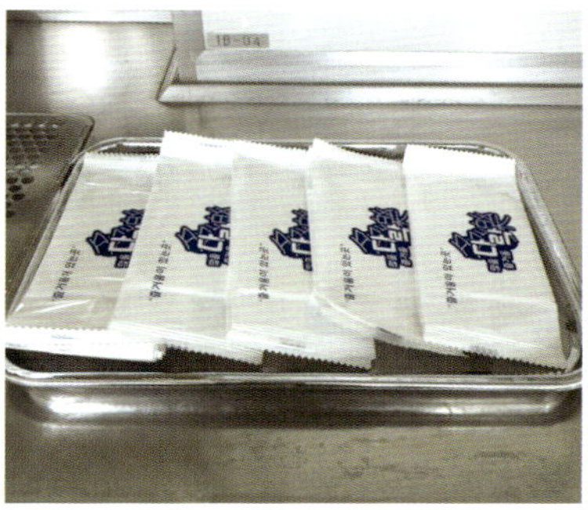

- Towel에 습기가 부족한 경우 적당량의 물을 부어 데운다.
- Towel Pack을 Oven에 넣고 Medium에서 20~25분 정도 데운다.
- 데운 Towel을 Towel Basket에 승객 수에 맞게 담고, 필요한 경우 향수를 뿌린다.
- 서비스 직전에 온도, 습도, 냄새를 확인한다.

■ Hot Towel(Cotton Towel) 서비스 방법

- Towel은 말린 상태로 Tongs(집게)을 이용하여 제공한다.
- Towel이 많이 뜨거울 경우, 승객의 손보다는 테이블을 이용하여 제공한다.
- 회수 시에는 사용한 Towel을 승객이 직접 Basket에 담을 수 있도록 유도하고, 승객이 담아 주지 않는 경우 Tongs을 이용하여 회수한다.

3) 음료 서비스(Aperitif)

비행 구간, 시간대에 따라 Cart 혹은 Tray에 준비하여 서비스한다.

■ 준비 방법

- 음료는 승객 탑승 전 지상(Ground)에서 미리 칠링(Chilling)하여 이륙 후 서비스할 때에는 시원한 상태로 승객에게 제공될 수 있도록 한다.
- Juice류, Soft Drink류, White Wine, 맥주, 생수 등 서비스 전에 차게 제공할 음료의 칠링 상태를 점검한다.
- 기종에 따라 냉장고 혹은 아이스 드로어(Ice Drawer), 캐리어 박스(Carrier Box), 컴파트먼트(Compartment) 등에 얼음, 드라이아이스를 이용하여 칠링한다. 우유, 와인 등은 비닐 팩 등을 이용하여 팩(Pack), 라벨 등이 젖지 않도록 유의한다.
- 음료 카트(Cart)에 탑재된 음료는 지상에서 칠링 상태를 확인하고, 필요한 경우 드라이아이스를 보충한다. 드라이아이스를 이용하여 칠링할 경우 내용물이 얼지 않도록 유의한다.

■ 서비스 방법

- 1장의 '3. 음료 서비스 방법'(p.35)을 참고한다.

4) 식사 서비스

식사 서비스는 주요리의 Heating 및 Setting, Wine Open, 빵 데우기 순으로 다음과 같이 이루어진다.

Entrée(주요리)의 Heating 및 Setting

통상 기내식 데우기는 20~30분 정도 소요되므로, 이륙 후 곧바로 기내 서비스가 제공되기 위해서는 항공기가 이륙하기 직전에 주요리를 데우기 시작해야 적절한 서비스 시간을 맞출 수 있다.

■ 준비 방법

- 주요리의 메뉴에 따라 시간 및 온도를 조절하여 오븐에 데운다.
- Entrée의 냉동상태 및 오븐의 성능에 따라 데움 정도의 차이가 날 수 있음을 감안하여 시간과 온도를 조절한다.
- 식사 데우기(Meal Heating)가 끝나면 바로 꺼내 제공해야 하며, 오븐에 오랫동안 Entrée가 방치되지 않도록 한다.
- 은박지(Tin Foil)가 훼손된 경우, 새것으로 교체한 다음 데워야 수분 증발을 막고 균일한 상태로 데울 수 있다.
- 주요리 데우기가 완료되면 식사 Cart 내에 있는 식사 Tray에 세팅하여 준비한다.
- Meal Cart 상단 준비: 각종 음료 및 와인, 기타 서비스에 필요한 Item을 Drawer 안에 세팅한다.

Entrée 데우기 시간 및 온도		
주요리 종류	Heating Time	온도
Beef Steak	25 ~ 30분	Medium
Beef Stew, Diced Beef, Veal	20분	Medium
Fish, Poultry, Seafood	20분	Medium
Omelette, Crepe, Pasta	18분	Medium
Porridge	25 ~ 30분	Medium
Hot Sandwich	15분	Medium

기내 오븐

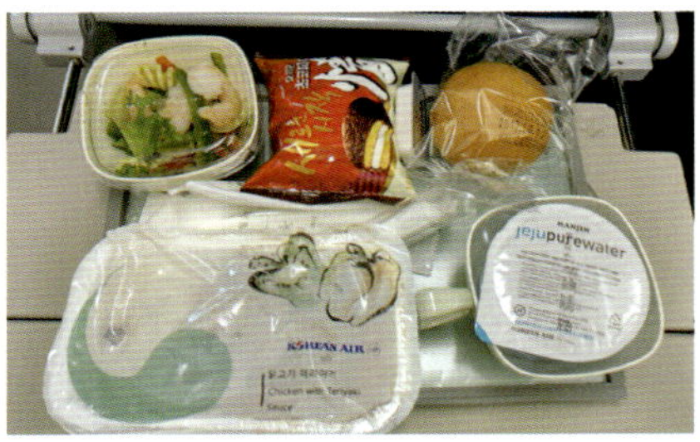

기내식: 죽

© Maron_Studio / Shutterstock.com

© Sorbis / Shutterstock.com

■ 서비스 방법

- 식사 서비스 전에 Entrée의 Heating 상태를 확인하고 메뉴를 숙지한다.
- 특히 주요리의 주재료, 요리법, 곁들여진 채소와 녹말류(Starch), 소스 등을 숙지하고 승객에게 안내한다.
- 식사 Tray를 들고 이동할 때에는 Tray를 두 개 이상 포개어 들고 서비스하지 않는다.
- 식사 Table에 승객의 식사 Tray를 놓을 때 소리가 나지 않도록 주의한다.

식사 서비스 방법

양식 서비스

- 승객의 식사 Table을 편다.
- Entrée의 종류 및 내용을 설명한 뒤 Meal 선택을 받는다.
- 식사 Tray 위의 내용물을 보기 좋기 정리하여 Entrée가 승객 앞쪽으로 놓이도록 서비스한다.
- 와인 및 음료를 주문받아 서비스한다.

한식 (비빔밥) 서비스

- 승객의 식사 Table을 편다.
- 식사 Tray는 비빔 나물과 밥이 승객 앞쪽으로 놓이도록 제공한다.
- 식사 Tray 서비스 후 미역국을 위한 뜨거운 물을 곧이어 제공한다.
- 뜨거운 물을 서비스한 후 와인, 그 밖의 음료를 권하여 제공한다.
- 외국인에게 비빔밥을 서비스하는 경우, 간략히 취식 방법을 설명한다.

Wine Open

담당 구역 승객의 성향과 승객수를 고려하여 상온에 보관된 Red Wine과 Chilling한 White Wine을 미리 Open하고 Breathing(브리딩)한다.

빵 데우기

■ 준비 방법

- Soft Roll은 Heating Pack에 넣어 Oven에 Medium 5~7분 데운다.
- Croissant은 표면이 바삭바삭하도록 Oven Rack에 Tin Foil을 깔고 Medium 5분간 Warming한다.
- Heating Pack을 사용할 경우, Pack에 구멍을 내어 Heating한다.

■ 서비스 방법

- 빵 Tongs을 이용하여 제공하며, 빵의 모양이 변형되지 않도록 주의한다.
- 서비스 중 Tongs이 땅에 떨어질 경우, 갤리에서 새것으로 교체하여 서비스 한다.

5) 와인/물 리필 서비스

■ 준비 방법

- 생수병, 와인병을 준비한다.

■ 서비스 방법

- 식사 서비스와 같은 순서(방향)로 진행한다.
- 잔량이 1/3 이하일 경우 리필하며, 반드시 2회 이상 충분히 리필한다.

6) Hot Beverage(커피, 차) 서비스

■ 준비 방법

- 커피를 준비할 때에는 브루(Brew)하기 전에 커피포트 내, 외부의 청결상태를 확인한다.
- 신선한 커피의 향과 맛을 내기 위해 서비스 직전에 브루(Brew)한다.
- Small Tray에 설탕, 크림을 가지런히 세팅한다.
- 차를 준비할 때에는 커피포트 내, 외부의 청결상태를 확인한다.
- 포트에 뜨거운 물을 준비하고, Small Tray에 각종 티백, 레몬, 설탕 등을 준비한다.

■ 서비스 방법

- 커피나 차를 서비스할 때에는 한 손에는 포트를, 다른 한 손에는 설탕, 크림, 티백 등이 준비된 Small Tray를 들고 나간다.
- 디저트와 함께 드실 수 있도록 취식 정도를 감안하여 적정한 속도로 제공하며, 기내식을 제공했던 순서(방향)와 같은 순서로 서비스한다.
- 승객이 직접 컵을 Small Tray 위에 올려놓도록 권유하고, 승무원이 통로(Aisle)에서 뜨거운 물(커피)을 따른 후에 승객이 직접 필요한 티백류, 설탕, 크림, 레몬 등을 집도록 권유한다. 이때 Tray의 위치를 낮추어 승객이 잔을 집기 편하게 한다.

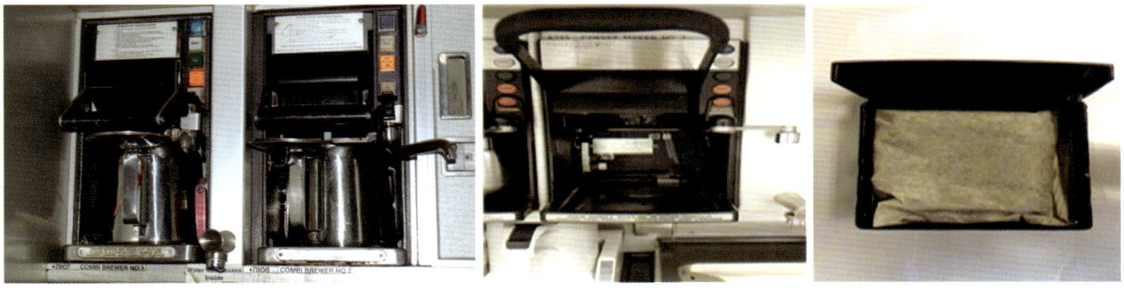

커피 메이커와 손잡이를 올려 커피 Tray를 뺀 후 커피팩을 담은 모습

- 안전을 위해 뜨거운 음료는 잔의 70~80% 정도만 제공하고, 어린이는 50% 정도 제공한다.
- 항상 뜨거운 상태로 제공한다.
- 뜨거운 음료는 1회 이상 리필한다.

7) 회수하기

■ 준비 방법

- 빈 식사 Cart 상단에 리필을 위한 생수, 주스, 칵테일 냅킨, 핸드 타월, 컵을 준비한다.

■ 서비스 방법

- 식사 서비스 순서(방향)와 동일한 순서로 회수하며, 취식 중인 승객은 천천히 드실 수 있도록 배려한다.
- 회수 시 깨끗하지 않은 식사 Table은 준비한 핸드 타월로 닦아 드린다.

커피를 제공 중인 승무원

현장 사례

사례 내용

물수건을 주시는데 너무 뜨거워서 떨어뜨렸습니다. 그런데 승무원이 사과는커녕 오히려 떨어뜨린 물수건을 팔걸이에 올려놓고 그냥 지나가셨습니다. 좌석번호는 49Ef로 중앙 열 다섯 좌석 중 가운데에 아내가 착석하여 처음에는 왼쪽 담당 승무원이 음료를 제공하더니 식사를 서비스할 때에는 아내에게 식사를 주지 않아 여쭙자 당황해했으나 사과 한마디 하지 않았습니다. 이후 두 번째 식사 서비스 음료 서비스 시에도 아내를 건너뛰고 지나치더니 식사는 아예 오른쪽에서 제공하고 결국 긴 비행시간 동안 뭔가 서비스가 제공될 때마다 어느 쪽에서 어느 승무원이 줄 것인지 신경을 쓰는 등 불쾌한 여행이었습니다.

발생 원인

- 식사 서비스 시 승객에게 타월을 서비스하면서 뜨거우니 조심하시라는 안내를 하지 않았으며 타월이 뜨거워 떨어뜨린 승객의 상황을 살피지 않고 기계적이고 무성의한 서비스를 했음
- 중앙 열 착석 승객에게 일관되지 못한 서비스 진행으로 식사 서비스를 Skip했음
- 동반자가 있는 승객의 경우 일행과 같이 식사할 수 있는 배려심이 부족했음

해결 방안

- 타월은 서비스하기 전에 냄새, 온도 등의 상태를 확인해야 하며, 승객에게 서비스할 때에는 타월이 뜨거우니 조심하시라는 안내의 말을 하는 등 일사일언을 해야 함
- 바닥에 떨어진 타월은 다시 서비스하지 않고 새 타월로 바꿔 드려야 함
- 승객 좌석 배열이 2-5-2 등인 항공기에서는 서비스 진행이 빠른 쪽 Aisle 담당 승무원이 중앙 열의 가운데 착석 승객에게 서비스를 제공하는 등 사전에 갤리 브리핑을 통해 일관되게 서비스할 수 있도록 규정을 정하고 서비스를 시작해야 함
- 가운데 좌석 승객이 요청하실 경우에는 규정에 상관없이 어느 쪽이라도 즉시 제공해야 함
- 객실 승무원의 업무 편의상 담당 Duty를 지정하여 운영하나 모든 구역을 본인의 Duty라고 생각하고 기내의 전 승객에게 성심을 다하여 응대해야 함
- 일행과 함께 착석한 승객에게 서비스할 때에는 서비스 진행 상황을 고려하여 되도록 같이 서비스받을 수 있도록 배려하나, 불가피한 경우 반드시 서비스 진행 상황을 승객에게 설명하여 기다리지 않으시도록 해야 함

03 스페셜 밀 제공

Providing Special Meals

수행 준거

- 특별서비스요청서(SSR: Special Service Request)에 따라 특별식을 확인한 후, 서비스 및 회수할 수 있다.

Special Meal이란 종교, 건강, 아기(어린이) 동반, 기념일 등의 이유로 특별히 주문하는 식사이다. 객실 승무원은 지상에서 운송 직원에게서 전달받은 SSR[1]을 참고하여 해당 편수의 스페셜 밀의 종류와 개수를 확인해야 하며 문제가 있을 경우에는 객실 사무장에게 즉시 보고한다.

1. 스페셜 밀의 종류

종교식

종류	특징 및 조리법
HNML(Hindu Meal)	• 노 비프(No Beef), 소고기나 송아지고기를 먹지 않는 힌두교도를 위한 기내식
MOML(Moslem Meal)	• 노 포크(No Pork), 돼지고기를 먹지 않는 이슬람교도의 기내식
KSML(Kosher Meal)	• 유대 정교인의 종교 기내식 • 유대교 율법에 따라 조리하고 기도를 올린 음식 • 식기는 재사용하는 것을 금하므로 일회용 기물을 사용하며, 밀봉된 상태로 탑재된다. • 식사를 오븐에 데우기 전에 승객에게 반드시 허락을 받은 후 개봉하여 가열해야 한다.

1 SSR이란 Special Service Request의 약어로 특별 주문 승객 리스트를 의미한다.

좌석 등급별 SSR

```
***********************************************************************
F CABIN                                                       TOTAL  8
    *** 001A/SEA ***                    *** 001D/SEA ***
MR KIM/JUNGMIN  (KR)               : SONG/SEUNG HEON  (KR)
T: HOE JANG                        :T: MANAGING DIRECTOR
O: (JU)FASHION21                   :O: SENGAGE
S: 112317247579        MMC         :S: 115117464215          MC
   400TIMES   1138536MILES         :      35TIMES    92729MILES
N:                                 :N:
D: 720808                          :D: 740511
F: 2018/07/11 KE19      ICNSEA     :F: 2018/07/11 KE604      HKGICN
M:                                 :M:
C: VOCP **VOC_PAX**                :C: SHR – IU-F
      C1S0/31JUL13                 :
      CATERING_SHORTAGE OF         :
      ITEMS
-----------------------------------------------------------------------
    *** 002A/SEA ***                    *** 002D/SEA ***
MS WOO/DOEUN  (KR)                 : MS BAEK/SEOLA  (KR)
T: CEO                             :T:
O: REPOREM                         :O:
S: 112415507228         MP         :S: 113628623194          MC
   642TIMES   831620MILES          :     35TIMES    92729MILES
N:                                 :N:
D: 550625                          :D: 860330
F: 2018/07/11 KE19      ICNSEA     :F: 2018/07/11 KE19      ICNSEA
M:                                 :M:
C:FRES                             :C:
-----------------------------------------------------------------------
    *** 001E/SEA ***                    *** 001J/SEA ***
 XXEXC/BLOCK F                     : MR KIM/KIMIN  (KR)
T:                                 :T:
O:                                 :O:
S:                                 :S: 114862283585          MC

                                   :     43TIMES    263296MILES
N:                                 :N: KE3081    11JUL  SEA F
D:                                 :D: 670805
F:                                 :F: 2018/07/11 KE19      ICNSEA
M:                                 :M:
C: CREW                            :C: SHR – IU-F
```

일등석 SSR

```
010A/SEA      MS KIM/MINJEONG                                   (KR)
              113025233045 *** MORNING CALM CLUB ***
                 53TIMES   131435MILES
              FINAL OBD: 2018/07/11 KE19    ICNSEA
010B/SEA      MR KWON/OHYOUNG
              (DAE PYO I SA / (JU)DONG WON JONG HAB BAE GWAN)
              113214705428 *** MORNING CALM CLUB ***
                 68TIMES   136209MILES
              FINAL OBD: 2018/07/11 KE19    ICNSEA
010D/SEA      MR CHA/EUNWOO                                     (KR)
              116618059088 *** MORNING CALM CLUB ***
                 13TIMES   70516MILES
              FINAL OBD: 2018/07/11 KE19    ICNSEA
              SHR – IU-C
010E/SEA      MR LEE/DONGWOOK                                   (KR)
              113018095792 *** MORNING CALM CLUB ***
                 22TIMES   46175MILES
              SHR – IU-C
010H/SEA      MS PARK/NARAE                                     (KR)
              (GYO SA/ )
              112525323197 *** GENERAL MEMBER ***
                 81TIMES   155808MILES
              FINAL OBD: 2018/07/11 KE19    ICNSEA
```

비즈니스석 SSR

```
029A/SEA            MS KIM/SUNYOUNG                          (KR)
                    DEAF
029F/SEA            JOHNSON/AARON TAYLOR                     (US)
029G/SEA            MS BLUNT/EMILY OLIVIA LEAH               (US)
                    WCHR
030B/SEA    CHD     MSTR LAU/HENRY                           (CA)
                    CHLD 07AUG09
030E/SEA            SALONGA/MARIA LEA CARMEN IMUTAN          (PH)
                    WCHR PAX CANT WALK LONG DISTANCE DUE TO RECENT
                    SURGERY
030F/SEA            DEPP/JOHNNY CHRISTOPHER                  030G/SEA
                    DEPP/LILY ROSE MELODY                    (US)
            INF     DEPP/JACK                                (US)
                    BBML
                    INFT DEPP/JACK 22JUL17
031C/SEA    CMI     HOLTON/ERICA FAITH                       (US)
                    CHML 1PORK CUTLET/2FRIED RICE/EGG
                    CHLD 26DEC12
031E/SEA            SONG/JUNGGI                              (KR) MKT-DL
                    FPML
                    SHR-MIDDLE SEAT INFO OK
031F/SEA            NGUYEN/THIHUONG                          (VN)
```

일반석 SSR

```
*************************************************************************
SPECIAL PASSENGER SUMMARY
F CABIN      CREW     001E
             ELIP     001A 002A 002E
             FRES     002A
             MM       001A
             MP       002A
             VOCP     001A
C CABIN      CHLD     012A 012D 014B
             ELIP     007E 007H 008J 009D 009E 009H
             FMLY     010B
             MP       007H 008J 009E
             VOCP     007H
Y CABIN      AVIH     041G
             BBML     030G
             BSCT     042F
             CHLD     028E 030B 031C 032H 032J 033D 034A 034D
                      034J 035H 036H 038B 039G 039J 042B 042J
                      043J 045E 046F 047B 047F 047G 053H
             CHML     028E 031C 034A 034D 034J 035H 038B 039G
                      039J 042J 045E 046F 047B 047F 047G 053H
             CREW     041A 046B
             DEAF     029C
             FMLY     028D
             FPML     031E 046A
             HNML     037E 037F
             ICML     028D 042F
             INFT     028D 030G 042F
             SFML     048J
             SPMA     039H
             VGML     041C
             VLML     032F 048A
             VOML     033H 033J
             WCHR     029A 029G 030E 033G 049A 050D 051F
             WCHS     039E 039F 044E 044F
*************************************************************************
```

SSR의 마지막 페이지/승객 요청사항 정리

KSML 서비스 시 대화문 예시

SSR을 참고하여 승객의 좌석 및 성함을 확인한다.

대화문 예시

손님, KSML(코셔밀)을 주문하신 ○○○ 승객이십니까?
식사 준비를 위해 개봉하고 데워도 되겠습니까?
감사합니다.

Excuse me.
Did you request kosher meal?
May I unwrap this meal box, and heat it up for you?
Thank you.

식사 조절식

종류	특징 및 조리법
LFML(Low Fat)	• 저콜레스테롤, 저지방 기내식 • 동맥경화증, 심장병, 고지혈증, 비만 등 성인병 환자를 위한 식사 • 음식 조리 시 기름에 튀기거나 볶는 대신 찌거나 굽는 방법을 사용
DBML(Diabetic Meal)	• 당뇨식 • 열량, 단백질, 지방, 당질의 섭취량을 조절한 식사 • 식사량의 배분, 포화 지방산의 섭취 제한 등을 고려
LCML(Low Calorie Meal)	• 저열량식 • 다이어트 등의 이유로 400칼로리 미만으로 열량을 제한한 기내식
LPML(Low Protain Meal)	• 저단백질식 • 육류, 달걀 및 유제품 등 단백질 식품을 제한하여 1일 단백질 섭취량을 40g 이하로 제한한 식사
LSML(Low Salt Meal)	• 저염식 • 심장병, 고혈압 환자인 승객을 위해 소금 및 소금이 포함된 제품을 사용하지 않고 만든 식사
BLML(Bland Meal)	• 유동식 • 수술 후 회복 중인 승객이나 위장장애가 있는 승객을 위한 기내식으로 일반적으로 죽을 제공
GFML(Gluten Intolerant Meal)	• 식재료 내의 글루텐 함유를 엄격히 제한한 기내식 • 글루텐 함량이 높은 보리, 밀, 호밀, 맥아, 귀리 등을 사용하는 대신 쌀이나 감자, 고구마, 옥수수, 콩 등의 재료를 사용
NLML(Low Lactose Meal)	• 유당 제한식 • 우유에 함유된 유당 소화에 장애가 있는 승객을 위한 기내식 • 우유, 크림, 분유 등을 엄격히 제한

야채식

종류	특징 및 조리법
VGML(Vegetarian Vagan Meal)	• 야채식 중 가장 엄격한 서양식 채식 기내식 • 어류, 가금류, 육류, 계란, 동물성 지방, 유제품, 꿀, 젤라틴을 사용하지 않는 기내식 • 주로 곡류, 야채, 과일이 제공
VLML(Vegetarian Lacto-ovo Meal)	• 계란, 유제품은 포함된 서양식 채식
VJML(Vegetarian Jain Meal)	• 엄격한 인도식 채식 기내식 • 생선류, 가금류를 포함한 모든 육류와 달걀, 유제품을 포함하는 모든 동물성 식품 및 양파, 마늘, 생강 등의 뿌리채소를 사용하지 않는 기내식
VOML(Vegetarian Oriental Meal)	• 동양식 채식 기내식 • 생선류, 가금류를 포함한 모든 육류와 계란, 유제품은 사용하지 않고, 양파, 마늘, 생강 등 뿌리채소 사용이 가능하며 주로 중식으로 조리
AVML(Vegetarian Hindu Meal)	• 유제품은 사용 가능한 인도식 채식 기내식
RVML(Raw Vegetarian Meal)	• 방부제, 카페인, 중독성 가공식품은 사용하지 않고, 생과일과 생야채를 사용한 기내식 • 빵과 유제품은 사용 가능

영유아 및 아동식

종류	특징 및 조리법
IFML(Infant Meal)	• 생후 12개월 미만(액상 분유, 아기용 주스)
BBML(Baby Meal)	• 생후 12~24개월(이유식, 아기용 주스)
CHML(Child Meal)	• 만 2~12세(햄버거, 치킨너겟, 스파게티, 오므라이스, 샌드위치, 돈까스 등)
ICML(Infant/Child Meal)	• 생후 24개월 미만의 유아를 위한 식사로 신체 발육이 빨라서 어린이용 식사를 할 수 있는 경우에 제공(식사 구성은 CHML과 동일)

기타 특별식

종류	특징 및 조리법
SFML(Seafood Meal)	• 해산물 요리
FPML(Fruit Platter Meal)	• 과일로만 구성된 기내식
SPMA(Anniversary Cake)	• 기념일, 생일 케이크

Low Fat Meal

Vegetarian Vagan Meal

Kosher Meal

2. 스페셜 밀 점검방법 및 주문 승객 응대 요령

- 승객이 탑승하기 전에 Meal 탑재 점검 담당 승무원은 SSR을 확인하여 케이터링(Catering) 직원과 함께 탑재된 스페셜 밀의 종류와 수량을 파악한 후 사무장에게 보고한다.
- 사무장은 SSR을 통해 승객이 주문한 스페셜 밀 내역과 실제 탑재된 스페셜 밀 내역을 비교, 확인한다.
- 만약 일치하지 않는 경우, 케이터링 담당자에게 즉시 확인하고, 조치를 요청한다. SSR과 일치하더라도 사무장에게 이상 없음을 보고한다.
- 승객 탑승 후, 해당 승객에게 스페셜 밀 주문 사실을 확인하고, 스페셜 밀 스티커에 승객의 좌석번호, 이름, 스페셜 밀 종류를 적어, 그 스티커를 승객의 좌석머리 받침대(Head Seat Cover)와 스페셜 밀 Tray에 각각 1장씩 부착한다. 더불어 전달 오방지를 위해 자리를 옮겨 앉지 않도록 안내한다.
- 승객에게 제공하기 전에 다시 한번 스페셜 밀 주문 여부를 확인하고 서비스한다(스페셜 밀은 일반 기내식보다 먼저 제공한다).
- 식사와 함께 서비스되는 와인 및 기타 음료는 스페셜 밀 제공과 동시에 주문을 받아 제공한다.

3. 주의해야 할 스페셜 밀의 서비스 방법

1) KSML

- 서비스 전에 승객에게 KSML Box Sealing 상태를 확인받고, Box를 개봉해도 되는지 허락을 얻는다.
- Entrée Sealing 상태를 확인받고, Entrée는 Heating 후 서비스함을 안내한다.
- Entrée 포장이 Heat Proof Vinyl이거나 Foil Cover인 경우에는 포장 그대로 Heating하여 서비스한다. Entrée 포장이 Heat Proof Vinyl이 아닌 경우, 승객의 허락을 얻은 후 포장을 뜯고 Heating하여 서비스한다.

2) CHML

CHML의 종류가 햄버거인 경우, Med 15~20분 Heating 후 별도로 제공된 야채류를 빵 사이에 끼워 제공한다.

04

승객 응대 기본 업무

Basic Passenger Services

1. 승객 Call Button 응대

기내 서비스를 하다 보면 승객의 다양한 요청을 받게 된다. 기내 복도를 지나가는 도중 요청을 받을 수도 있고, 승객의 Call Button을 통해 요청을 받을 수도 있다. 승객의 요청사항은 항상 경청하고 메모하여 잊지 않도록 하며, 즉시 해결할 수 있는 부분은 바로 제공하도록 노력한다.

주문을 받은 승무원이 즉각 응대하지 못할 경우에는 주위의 다른 승무원에게 도움을 요청하여 반드시 해결하도록 한다. 승객의 주문사항에 대한 응대는 요청한 아이템을 제공하는 것으로 끝나는 것이 아니라, 승객이 원하는 시점에 적절히 제공하는 것이 중요함을 잊지 않는다.

승객 콜 버튼이 켜진 상태

항공기의 승객 좌석과 화장실에는 비행 중 승무원의 도움이 필요한 경우를 대비하여 Call Button이 장착되어 있다. 승객이 승객 좌석에서 Call Button을 누르면 알림음과 함께 해당 승객의 머리 위 선반에 표시등이 켜지고, 각 갤리 근처에 장착된 Master Call Light Display에는 Blue 등이 켜지며, 기종에 따라 승객 좌석번호가 표시되기도 한다. 승무원은 Master Call Light Display를 확인한 후, 승객의 좌석으로 가서 요청사항을 경청하고 즉시 해결한다.

Master Call Light Display

화장실 내 승무원 호출 버튼

Master Call Light Display 색깔의 구분

Blue: 승객의 Call
Red: 승무원(기장 포함) 간의 Call
Amber: 화장실에서의 Call

2. Order Missing 방지를 위한 기본원칙

1) 요청사항의 접수 및 재확인

담당 구역(Zone)의 Call Button 소리와 Call Light에 항상 주의를 집중하고 승객의 요청사항을 접수하는 경우에는 최우선으로 처리한다. 승객 요청 접수 시 승무원은 승객의 요청사항을 구두로 재확인하여 승객의 의사를 확인한다.

대화문 예시

승객: "오렌지 주스 한잔 주세요."
승무원: (메모에 기입한 후) "네, 알겠습니다. 말씀하신 오렌지 주스를 곧 가져다 드리겠습니다."

승객: "이것 좀 버려 주세요."
승무원: "네, 알겠습니다. 치워 드리겠습니다."

2) 요청사항의 정확한 제공

주문을 받을 때에는 메모지에 승객의 좌석번호와 요청사항을 표기하여 승객의 요구대로 정확하게 제공되도록 한다.

- 비행 근무 중에는 Memo Pad를 항상 소지한다.
- 주문 내용은 약어로 적어도 좋으나 낙서 식으로 적지 않도록 유의한다.
- 비행 중 승객이 요청할 때에는 반드시 Memo하여 Missed Order 및 지연 응대 사례가 발생하지 않도록 한다.

3) 응대 불가 시 조치

승객의 주문사항이 있은 후 즉각 응대가 불가할 때에는 다음과 같이 조치한다.

- 준비 시간이 오래 걸리는 식음료를 주문받을 때에는 반드시 소요시간을 알리고 양해를 구한다.
- 승객의 주문사항을 제공하지 못할 때에는 그 사유를 설명하고 양해를 구한다.
- 지연 후 주문 아이템을 제공할 때에는 양해해 주시고 기다려 주신 승객께 감사의 말씀을 전한다.

Service Tag

3. 취침 승객 응대 요령

1) Meal 제공 시점에 취침 중인 승객 응대

- 취침 승객이 있을 경우, 전면 Seat Back 또는 Side 벽면에 SVC[1] Tag를 부착한다.
- SVC Tag 부착 시 접착 부분이 말리거나 떨어지지 않도록 한다.
- SVC Tag를 부착한 경우, 해당 Zone 승무원은 각별한 관심을 가지고 해당 승객에게 적절한 서비스가 제공될 수 있도록 한다.

1 SVC는 Service의 약자이다.

- 깨어 있는 승객에 대한 식사 안내 말씀이나 주변의 식사 소리에도 계속 수면 중인 승객은 숙면 승객으로 판단하여 충분한 수면을 취할 수 있도록 무리하게 깨우지 않는다.
- 1st Meal SVC 시 취식하지 않은 승객의 Meal은 별도 보관하며, Meal SVC 도중 또는 이후에 승객이 취식을 원할 경우에는 즉시 서비스하고 SVC Tag를 제거한다.

2) 승객의 식사 요청 시 응대

- 식사 요청 시점에 따라 1st Meal SVC 후 시간 경과를 감안하여 1st Meal과 2nd Meal 중 어느 것으로 취식하실지 여부를 확인한 후 제공한다.
- Meal 이외의 것을 요청하는 승객에게는 Meal을 대체할 수 있는 것을 권유하여 서비스한다.
- Approaching Signal 전에 깨어나 식사를 요청하는 승객에게는 즉시 제공하나, 이후에 요청하는 승객에게는 착륙 준비로 Meal SVC가 불가함을 안내하며, 양해를 구하고 SVC Tag를 제거한다.

3) Meal SVC 시 취침 승객의 좌석 등받이가 Recline되어 있는 경우 응대

- 등받이의 Recline 각도로 인해 Tray Table을 펼쳤을 때 뒷좌석 승객의 취식이 어려울 것으로 판단되는 경우에는 취침 중인 앞좌석 승객에게 상황을 설명하고 좌석 등받이를 세워 줄 것을 요청한다.

대화문 예시

"주무시고 계시는데 대단히 죄송합니다. 뒷좌석 손님께서 식사하실 수 있도록 좌석 등받이를 세워 주시겠습니까? 협조해 주셔서 감사합니다."

- 등받이의 Recline 각도가 상대적으로 작아 Tray Table을 펼쳤을 때 취식의 불편 여부를 판단하기 어려운 경우에는 먼저 Tray Table을 펼치고 해당 승객에게 불편 여부를 묻는다.

대화문 예시

"식사하시는데 불편은 없으시겠습니까?"

(해당 승객에 불편을 호소하는 경우)

"잘 알겠습니다. 잠시만 기다려 주십시오. 앞좌석 손님께 협조를 부탁드리겠습니다."

"주무시고 계시는데 대단히 죄송합니다. 뒷좌석 손님께서 식사하실 수 있도록 좌석 등받이를 세워 주시겠습니까? 협조해 주셔서 감사합니다."

현장 사례

사례 내용 1

추위가 느껴져 승무원에게 담요를 가져다 달라고 했습니다. 15분 이상이 지나도 아무런 응답이 없더군요. 지나가던 승무원에게 다시 요청하자 5분 정도 지나서 가져왔으나 "담요 가져왔습니다."라는 말 한마디 없이 팔걸이 위에 올려놓더니 뭐가 그리 바쁜지 휙 가버리더군요. 최소한 말 한마디 정도는 건네야 하는 게 아닌가요?

발생 원인

- 승객이 주문할 때 메모하여 응대하는 기본원칙을 준수하지 않았으며 즉각적인 응대가 이루어지지 않았음
- 오랜 시간이 지체된 후 담요를 서비스했으나, 지연 서비스에 대해 승객의 양해를 구하는 일사일언을 하지 않았음

해결 방안

- 승객의 요청사항은 항상 경청하고 메모하여 잊지 않도록 하며, 즉시 해결할 수 있는 부분은 바로 제공하도록 노력해야 함
- 승객이 요청하신 물품을 제공할 때에는 주문한 내용을 확인하여 착오가 없도록 해야 하며, 제공할 때에는 정중한 태도로 응대해야 함
- 승객 응대 시에는 친근감을 주는 밝은 표정을 유지하고 승객과의 Eye Contact를 통해 승객의 만족 여부를 확인해야 함

사례 내용 2

저는 비행기에서 식사를 제공받지 못했습니다. 식사 서비스 중에 잠깐 잠이 들었는데 승객이 수면 중이라고 판단했다면 그런 승객에게는 스티커를 붙이는 것으로 알고 있습니다. 그러나 제게는 스티커를 붙이지 않았습니다. 제 앞자리와 옆자리에는 붙이는 것을 봤습니다. 무슨 이유와 어떤 경우에서 그런 행동을 했는지 모르겠지만, 굉장히 불쾌했고 비행 내내 상당한 스트레스를 받았습니다.

발생 원인

- 식사 서비스 시 주무시는 승객에 대한 승무원의 관심이 부족했으며, SVC Tag를 붙이는 기본원칙을 준수하지 않았음

해결 방안

- 취침 승객이 있을 경우, 승객 전면 Seat Back 혹은 Side 벽면에 SVC Tag를 부착해야 함
- SVC Tag를 부착한 경우에는 지속적으로 관심을 갖고, 취식 여부를 확인해야 함
- 1st Meal SVC 시 취식하지 않은 승객의 Meal은 별도 보관하며, Meal SVC 도중 또는 이후에 승객이 취식을 원할 경우, 즉시 서비스하고 SVC Tag를 제거해야 함

잠깐! 점검해 볼까요?

01
서양식과 기내식의 이해

1. Entrée별 데우기 시간 및 온도를 정리해 보세요.

02
기내식 서비스

1. 기내식 제공 시 유의사항 및 회수 시 유의사항을 정리해 보세요.

03
스페셜 밀 제공

1. 스페셜 밀을 제공하는 방법에 따라 서비스해 보세요.

04
승객 응대 기본 업무

1. 승객이 Call Button을 누르면 Master Call Light Display에 어떤 색으로 점등되나요?

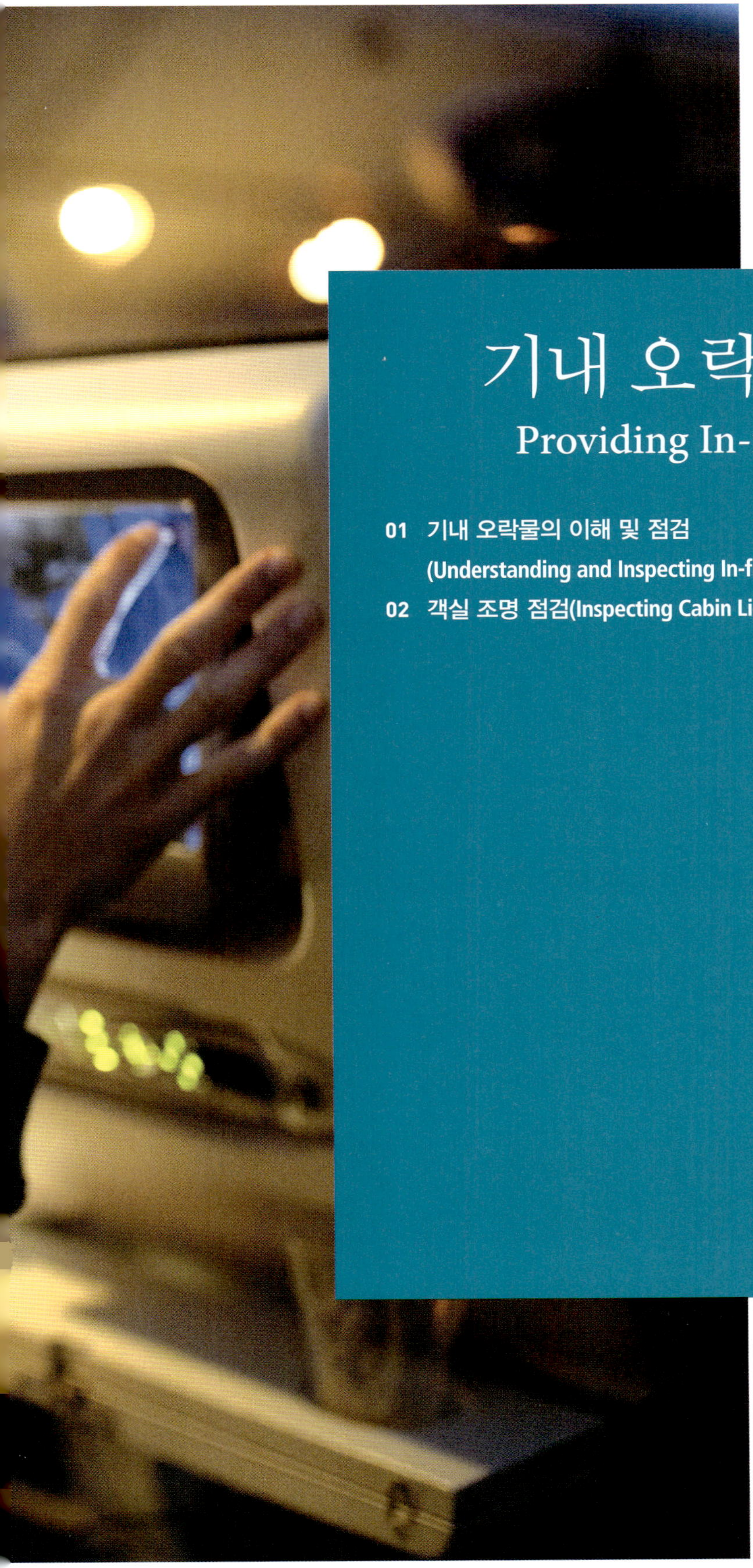

3

기내 오락물 제공하기
Providing In-flight Entertainment

01 기내 오락물의 이해 및 점검
(Understanding and Inspecting In-flight Entertainment)

02 객실 조명 점검(Inspecting Cabin Lighting)

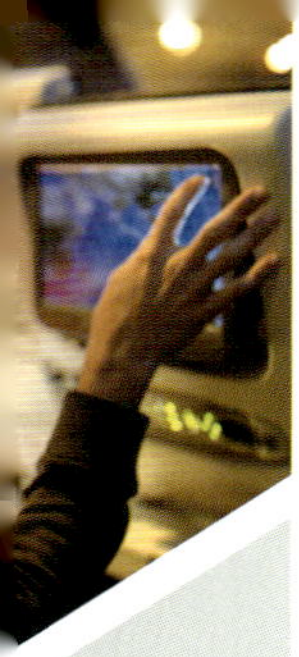

01

기내 오락물의 이해 및 점검

Understanding and Inspecting In-flight Entertainment

수행 준거

- 객실 서비스 규정에 따라 기내에서 제공되는 오락물 상영을 위한 기내 시설물과 기물을 사용할 수 있다.
- 객실 서비스 규정에 따라 비행 중 서비스되는 상영물에 관한 종류와 내용을 고객에게 전달할 수 있다.

1. 기내 오락물 개요

항공업계의 시장 경쟁이 증대되면서 항공사는 승객에게 좀 더 양질의 서비스를 제공하여 차별화된 경쟁력을 갖고자 다양한 노력을 시도하고 있다. 이에 따라 비행 중 승객의 무료함을 덜어 주고 더욱 편안한 여행이 될 수 있도록 항공사는 다양한 오락물을 제공하고 있다. 최근 항공사들이 최신 기종의 항공기를 도

© skynesher/iStock.com

© Getty Images Bank

입하는 경우가 많아 기내 오락 서비스는 항공사의 서비스를 향상시키는 주요한 요인이 되고 있다.

항공사에서 제공하는 오락 서비스는 크게 다음의 3가지로 분류할 수 있다.

AVOD(Audio/Video On Demand Service, 주문형 오디오/비디오 서비스)

승객이 자신의 좌석에 설치된 개인용 모니터와 리모콘으로 영상물 종류를 직접 선택하여 즐기는 오락물 서비스이다.

공용 스크린

객실 전방이나 머리 위쪽에 설치된 스크린으로 영상물을 시청하는 것으로, 개인이 채널을 선택할 수 없다. 주로 Safety Demo나 영화, 면세품 판매 영상 등을 제공하며, 승객의 좌석에서는 헤드폰(이어폰)을 이용하여 음악을 들을 수 있다.

VCC(Video Control Center)

기내 비디오 시스템을 관리하는 주 장비로 승무원이 관리한다.

2. 오락물 제공을 위한 사전 점검 및 이상 발견 시 조치사항

- 승무원은 이륙 전 기내에서 승객에게 제공되는 기내 오디오/비디오 서비스 시스템 및 일부 기종의 공용 스크린과 모니터 등 기내 오락 설비 시스템의 기능과 상태를 점검해야 한다.
- 비행 중 영상물 시스템 및 승객 좌석 모니터의 정상 가동 여부를 지속적으로 확인하고 문제 발생 시 신속히 조치한다.
- 영상물을 제공하기 위해서는 기종에 따라 자동 또는 수동으로 상영 기기의 환경 설정을 해야 하며, 일반적으로 환경 설정에서는 세계 표준시, 목적지, 비행시간, 언어 등을 설정한다.
- 승객 좌석 모니터에 이상이 발생한 경우, 다음과 같이 조치한다.
  - 문제 상황을 파악한 후, 승객에게 당분간 비디오 조작을 하지 말 것을 요청한다.
  - VCC(Video Control Center)로 가서 해당 좌석번호를 선택하고 'Reset Seat'

를 누른다.

– 일정시간(5~10분)이 지난 후 승객 좌석의 모니터 작동 상태를 확인한다.

3. 기내 오락 서비스의 분류

1) 기내 영상물

종류	서비스 내용
기내 영화	최신 영화, 할리우드 영화, 고전 영화, 가족 영화, 다큐멘터리 등
TV, 기내 단편물	드라마, 최신 인기 TV 프로그램, 정치, 경제, 스포츠, 오락, 여행 등의 다큐멘터리
기내 뉴스	KBS, BBC, CNN 등 최신 뉴스
어린이 프로그램	어린이 영화, TV 프로그램, 게임, 이야기책 등
에어쇼(Air Show)	항공기 운항정보 제공(항공기 항로, 고도, 외부온도, 비행 속도, 도착지 날씨, 도착 예정시간, 목적지 현재시간, 출발지 현재시간 등)
게임(Game)	1인 혹은 2인 이상이 즐길 수 있는 보드게임, 퍼즐, 스포츠 등
면세품	면세품 정보

2) 무선 엔터테인먼트

대한항공의 경우 개인 휴대기기로 기내 와이파이에 접속하여 대한항공의 다양한 AVOD를 이용할 수 있으며 자세한 사용 방법은 다음과 같다.

Air Show

• 탑승 전 휴대전화에 해당 애플리케이션을 설치한다.
• 탑승 후 비행기 모드로 변경한 후 Wi-Fi를 켠다.
• Kal Wi-Fi에 접속하고 미리 설치한 App을 실행한다.

3) 기내 음악

기내 음악은 국가별 대중가요, 클래식, 재즈 등 다양한 장르로 제공되며, 노선 및 운항기종에 따라 장르별 음악이 수시로 교체된다. 기내 음악은 항공여행 분위기를 고려하여 이별, 죽음 등 슬픈 주제의 음악을 지양하며, 탑승객의 연령별 취향을 고려하여 중복되지 않게 선곡한다.

4) 기타 다양한 기내 오락 서비스

• 기내에서 읽을 수 있는 다양한 종류의 신문, 잡지, 도서 등을 제공한다. 객실 벽면 잡지꽂이(Magazine Rack)에 가지런히 준비하고, 수시로 보충, 정리한다.
• 바둑, 체스 등과 같은 오락 도구를 제공한다. 승무원에게 요청하면 제공받을 수 있다.
• 일부 항공사의 경우 무선 인터넷 사용이 가능하다. 최근 기술의 발달과 인터넷 이용 수요가 급증하면서 미국 항공사 대부분이 기내 인터넷 서비스를 운영하고 있으며 유럽 항공사들을 포함하여 상당수 항공사들이 기내 인터넷을 탑재한 상태이다. 특히 기내에서의 스마트폰 사용이 자유로워지면서 인터넷 사용 요구는 더욱 급증하고 있어 더 이상 주저했다가는 자칫 서비스 경쟁력 하락으로 이어질 우려도 있기 때문에 점차 확대될 예정이다.
• 기내 위성 전화: 좌석에 설치된 위성전화를 이용해 전 세계로 통화가 가능하

기내 잡지

기내 게임

기내 위성전화 겸 리모콘

© Getty Images Bank

좌석 전원공급 시스템(ISPS: In Seat Power System)

며, 다른 좌석에 앉아 있는 승객과 대화하는 것도 가능하다. 신용카드로 결제하며, 전화를 거는 해당 국가와 이용시간에 따라 요금이 청구된다. 이착륙 시에는 사용이 제한되며 항공, 보안상의 이유로 지상에서 항공기로는 발신할 수 없다.

5) 좌석 전원공급 시스템 (ISPS: In Seat Power System)

기내에서 휴대전화, 노트북 등의 개인 휴대 전자기기의 전원을 제공하는 장치이다. 보통 좌석 하단이나 좌석 앞 모니터 근처, 팔걸이(상위클래스)에 설치되어 있으며, 다양한 플러그를 사용할 수 있도록 제작되었다. 그러나 일부 국가에서만 사용하는 플러그의 경우에는 별도의 어댑터가 필요하다. 전압은 110V/50Hz로 대부분의 노트북을 사용할 수 있으나 노트북의 소비 전력에 따라 전원공급이 제한되기도 한다.

노트북은 배터리를 분리하여 사용하고, 휴대용 전자기기도 전원을 끈 상태로 충전한다. ISPS의 표시기에 초록색 등이 들어와야 정상 작동되며, 붉은색 등은 충전 불가, 주황색 등은 불안정하다는 의미이다.

현장 사례

사례 내용

AVOD 오류가 발생하다가 시스템이 다운되어 승무원에게 Reboot를 요청했습니다. 그러자 승무원은 10분 정도 후에 Reset될 것이라고 말했지만, 20분이 지나도록 화면이 다시 켜지지 않았습니다. 25분 정도 경과되었을 즈음, 아까 그 승무원이 옆을 지나가다가 제 모니터가 꺼져 있는 것을 발견하고는 "아직도 시스템이 안 켜졌나요?" 하며 리모콘을 조작해 보았습니다. 시스템이 Reboot되지 않았습니다.

발생 원인

- 승객의 요구에 따라 Reset 조치 수행 후, 해당 승객의 시스템 정상 작동 여부를 재확인하는 절차는 수행하지 않았음
- 승객은 시스템 Rebooting이 정상적으로 되었는지 확인할 수 없어 승무원의 별도 안내를 기대했으나 추가 안내 없이 오래 기다려야 했음

해결 방안

- 해당 승객의 AVOD 고장 접수 시, 먼저 승객의 불편사항에 대해 정중히 사과해야 함
- 해당 좌석 상태를 확인하고, 조치 예상 소요시간을 안내한 후 Reset 조치해야 함
- 1차 Reset 조치를 한 후, 해당 시스템의 작동 여부를 반드시 확인하여 승객이 무작정 기다리게 해서는 안 됨

02 객실 조명 점검

Inspecting Cabin Lighting

수행 준거

- 객실 서비스 규정에 따라 조명 및 객실 상태를 점검하고, 오락물을 제공할 수 있다.

첫 번째 기내식 서비스가 끝난 후, 승무원은 객실 조명을 조절하여 승객이 편안한 휴식을 취할 수 있는 환경을 조성한다. 특히 이 시점에서 승객은 기내 영상물을 본격적으로 시청하기 때문에 적절한 조명 조절은 매우 중요하다.

공용 스크린 상영 시에는 영화를 상영하기 전에 승객의 영화 관람 준비 상태 및 객실 화면 상태 등 객실 준비 상태를 확인한 후 안내방송을 실시한다. 영상

물 제공 시 담당 구역별 객실 조명은 'Dim' 또는 'Night' 상태이다. 승객 휴식시간에는 Dim에서 Night로 점차 조절한다.

기내 조명을 어둡게 하더라도 낮 비행 시에는 창문 덮개를 닫아야만 기내가 완전히 어두운 상태가 되기 때문에 승객의 양해를 구하고 창문 덮개를 닫도록 요청한다. 아울러 갤리(주방)에서 작업 시 갤리에서 새어 나오는 불빛과 소음에 유의한다.

또한 식사 서비스가 끝난 직후이므로 승객 좌석 및 복도에 떨어진 쓰레기들이 있기 마련이다. 승객의 쾌적한 휴식을 위해 눈에 띄는 쓰레기들을 정리하고 화장실 용품이 부족하지 않은지 점검해야 한다.

1. 조명의 조도 단계

2. 비행 시점별 조명 단계

비행 시점	조도 단계
승객 탑승	Full Bright
이륙 및 착륙	Dim
기내 서비스	Full Bright 또는 Bright
면세품 판매	• Full Bright 또는 Bright • 상황에 따라 Dim
영화 상영 및 승객 휴식	Night

3. 조명 조절 시 유의사항

• 영화를 상영 중이거나 모든 승객이 영화를 시청 중일 때에는 객실과 갤리의

Full Bright

Dim

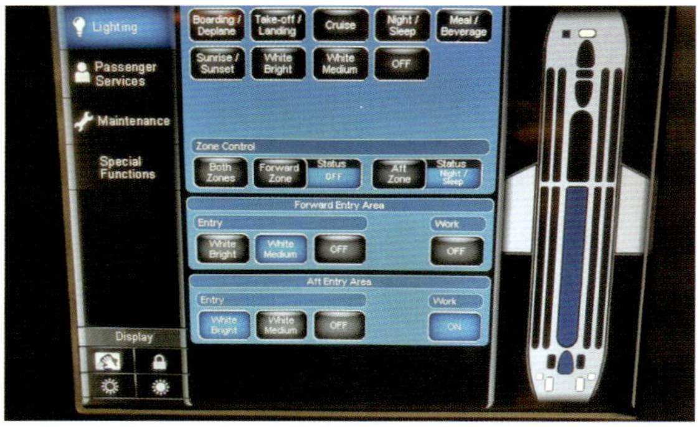

B 373 기종

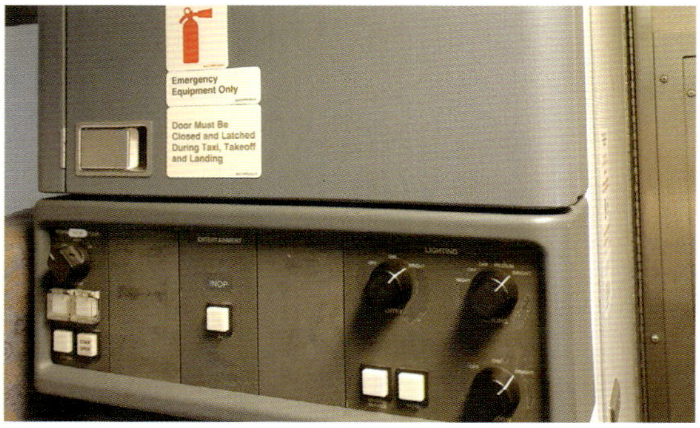

Cabin Attendant Station Panel(기내 승무원 조절 패널)

조명을 끈다.

- 갤리 작업으로 인해 불빛이 승객 좌석으로 새어 나갈 경우, 주위 승객에게 안내를 제공한다.
- 객실 내 조명의 밝기를 Full Bright에서 Night로 조절해야 하는 경우, 급격한 밝기 변경은 승객에게 불편함을 초래할 수 있으므로 순차적으로 한 단계씩 조절한다.

잠깐! 점검해 볼까요?

01

기내 오락물의 이해 및 점검

1. 기내에서 제공되는 영상물의 종류를 열거해 보세요.

2. 오락물 제공을 위한 사전 점검 및 이상 발견 시 조치사항을 정리해 보세요.

02

객실 조명 점검

1. 객실의 조명 단계를 비행 시점별로 정리해 보세요.

2. 객실 조명 조절 시 유의사항을 정리해 보세요.

DUTY FR

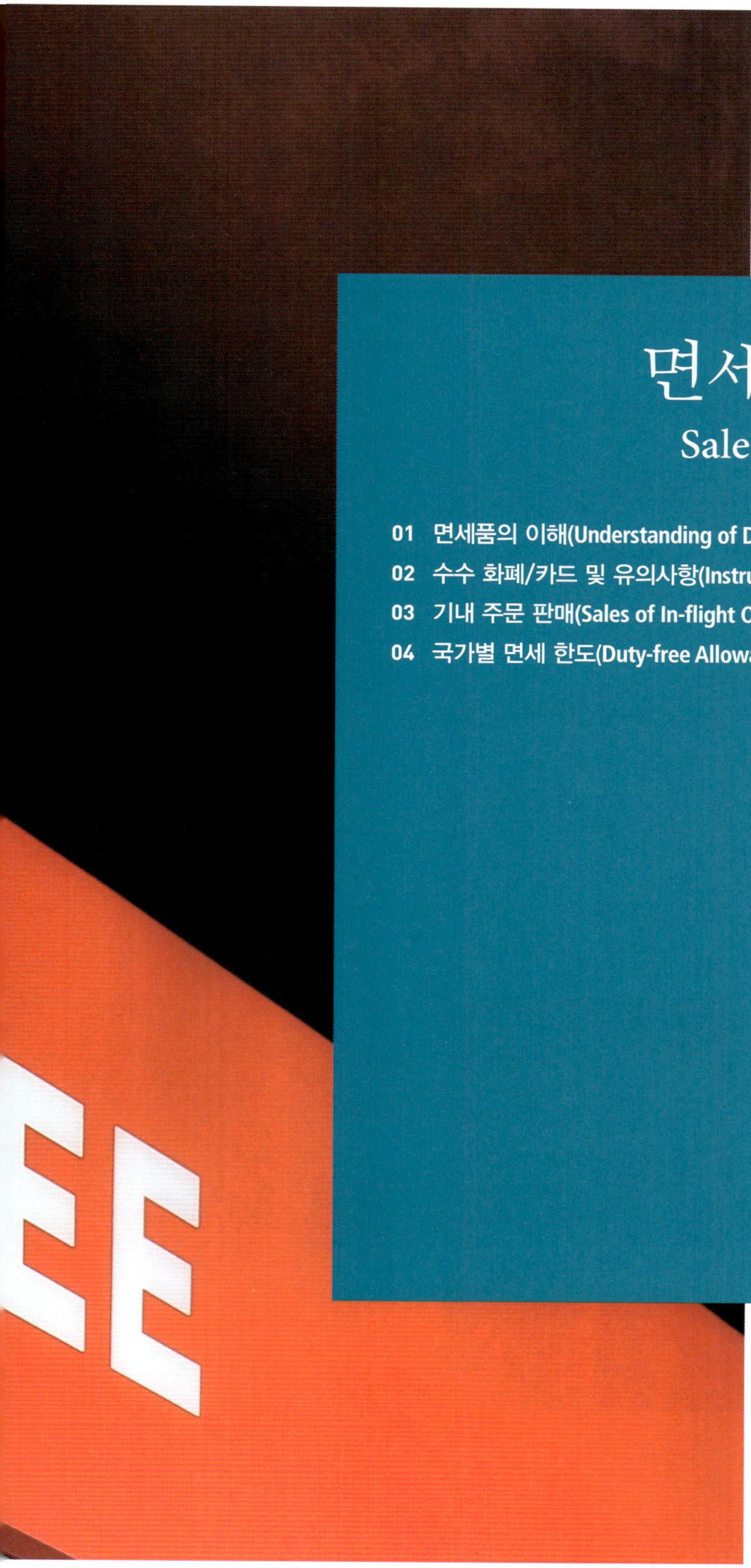

4 면세품 판매하기
Sales of Duty-free Goods

01

면세품의 이해

Understanding of Duty-free Goods

수행 준거

- 객실 서비스 규정에 따라 면세품 판매를 위한 기본적인 상품을 세팅하고 판매할 수 있다.

기내 면세품 판매는 국제선 항공편을 이용하는 승객을 위한 서비스로, 하늘 위에서 세계 유명 브랜드의 면세 상품을 저렴한 면세 가격으로 구입할 수 있어 승객들의 많은 사랑을 받고 있다. 면세품의 종류로는 주류, 화장품, 향수, 액세서리, 초콜릿, 펜류, 어린이를 위한 선물용품 등이 있으며, 상황에 따라 추가되거나 판매가 중지되는 품목이 있다.

기내 면세품 책자

면세품 가격은 항공사별 기내 판매 안내지와 기내지, 웹사이트 등에 명시되어 있으나, 수시로 변동하므로 최근 공지사항 및 기내 면세품 안내서를 참고한다. 항공사마다 상이하기는 하나 보통은 면세품 Cart를 이용하여 승무원이 객실 내부를 순회하며 판매하고, 비행시간이 짧은 경우에는 개별 주문을 받아 판매하기도 한다.

기내 면세품은 관세법 및 도착지 국가의 면세 구입 한도액 등이 제한되기 때문에 승무원이 정확한 정보를 숙지하여 승객에게 정보를 제공할 수 있어야 한다. 면세품에 관한 자세한 사항은 좌석 앞주머니 속의 기내 면세품 안내 책자를 참고한다.

1. 기내 판매의 전체적인 흐름

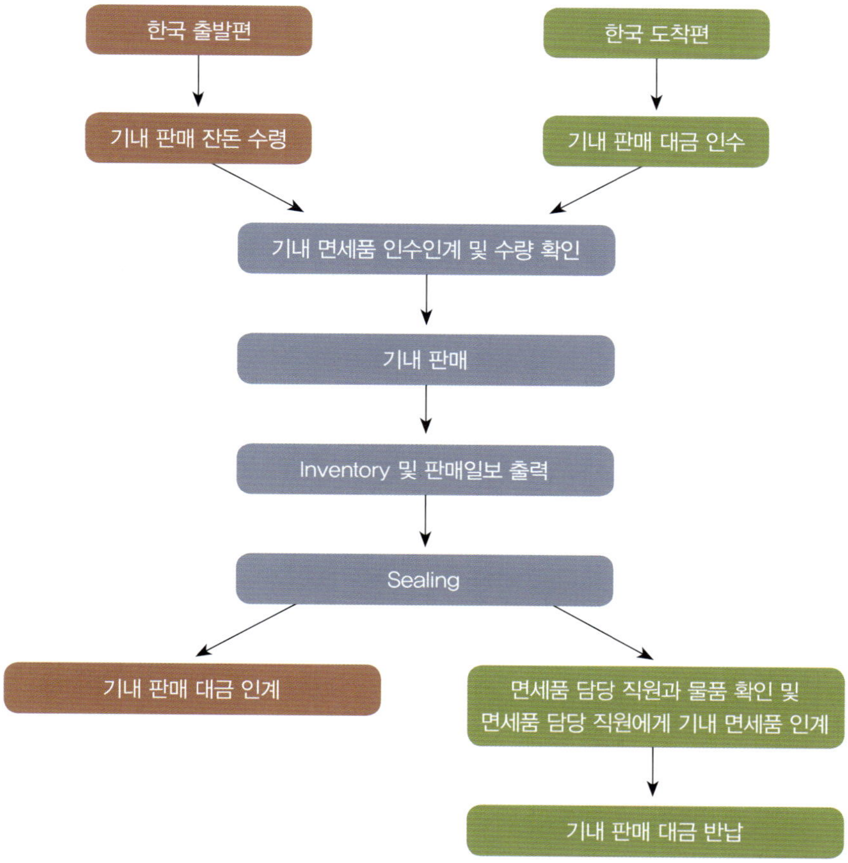

1) 한국 출발편(Out Bound)

한국 출발편에서 기내 판매는 비행 전에 면세품 담당 승무원이 판매 잔돈을 수령하여 비행 후에 교대편 승무원에게 판매 대금을 인계하는 과정으로 끝난다. 자세한 절차는 다음과 같다.

- 면세품 담당 승무원은 판매 대금 수납창구(은행)에서 기내 판매 잔돈 수령
- 항공기에 탑승하여 기내 면세품 인수인계 및 수량 확인
- 이륙 후 기내 판매
- Inventory[1] 및 판매일보 출력
- Sealing
- 교대편 승무원에게 기내 판매 대금 인계

2) 한국 도착편(In Bound)

한국 도착편에서 기내 판매는 면세품 담당 승무원이 판매 대금을 인수하여 비행 후에 판매 대금을 은행에 반납하는 과정으로 끝난다. 자세한 절차는 다음과 같다.

- 한국 출발편 승무원으로부터 기내 판매 대금 인수
- 항공기에 탑승하여 기내 면세품 인수인계 및 수량 확인
- 이륙 후 기내 판매
- Inventory 및 판매일보 출력
- Sealing
- 승객 하기 후 면세품 담당 직원과 물품 확인 및 면세품 담당 직원에게 기내 면세품 인계
- 기내 판매 대금을 판매 대금 수납창구(은행)에 반납

---

1 면세품 판매 후 면세품의 잔량을 확인하고 POS상의 면세품 재고와 판매금액 합계가 서로 맞는지 확인하는 절차를 인벤토리(Inventory)라고 한다. Inventory는 항공사마다 규정이 다르다.

2. 기내 면세품 판매 업무

기내 면세품 판매 업무는 한국 출발편과 한국 도착편으로 구분해 볼 때, 기내 판매 실시, Inventory 및 판매일보 출력, Sealing 과정은 동일하지만 그 외 업무는 약간 다르다.

1) 한국 출발편(Out Bound)

기내 판매 잔돈 수령

- 기내 판매 담당 승무원이 기내 판매 대금 수납창구에서 잔돈, 가격표, 판매 대금 가방(Sales Money Bag) 등을 수령한다.
- 기내 판매 담당 승무원은 비행 전, 해당 일의 기내 적용 환율 및 회사 공지사항, 도착지 국가 면세 허용량 등을 숙지한다.

기내 면세품 인수인계 및 수량 확인

- 기내에 탑승 후 기내 판매 담당 승무원은 기내 판매 담당 직원에게서 받은 판매일보에 기재된 판매 품목을 확인하고 인수 후 사무장에게 보고한다.
- 기내 면세품은 Cart와 Carrier Box에 실리며, Seal로 봉인되어 있다. 일반적인 면세품 확인은 Seal To Seal 방식으로 확인한다. 고가 면세

Seal To Seal

Seal에 기재된 일련번호와 판매일보에 기재된 Seal No를 확인하여 일치하는지 확인하는 방법

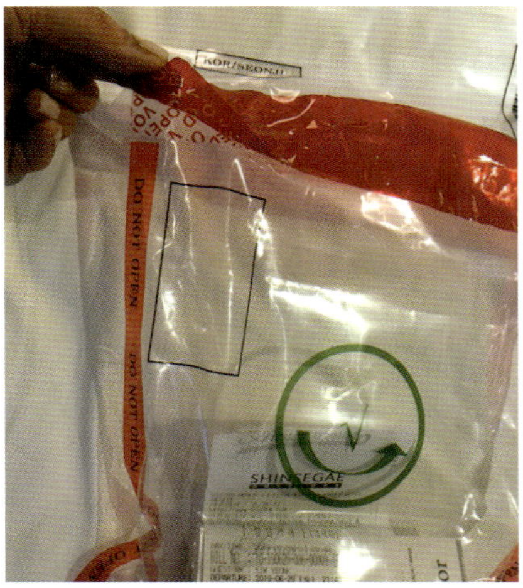

STEB(Security Tamper Evident Bag)

Seal 처리된 Cart

품(보석류, 고가의 화장품 등)의 경우에는 기내 판매 직원과 물건을 직접 상호 확인하는 Item To Item 방식으로 확인한다.

- 기내 판매에 필요한 보조용품(POS 단말기, POS 단말기의 배터리 여분, 영수증 여분, 쇼핑백, 판매 시 필요한 조견표(면세품 리스트) 등을 확인하고, 이상이 있을 경우에는 면세품 담당 직원에게 통보하고 조치한다.

기내 판매 실시

- 기내 면세품 판매 시점은 해당 비행의 서비스 절차에 따라 달라지나 대개는 첫 번째 식사 서비스가 끝난 후 실시된다. 기내 판매 담당 승무원은 기내 판매 물품을 Cart 차림으로 준비한다(Cart 상단에 POS 단말기, 조견표, Money Bag(잔돈), 쇼핑백 등을 준비한다).
- 항공기 기종이나 승객 수를 감안하여 준비할 Cart 대수를 결정한다.
- 기내 면세품 판매가 진행되는 동안 전 승무원은 신속하고 정확하게 기내 판매가 이루어질 수 있도록 협조하고, 기내 판매에 가담하지 않는 승무원은 Walk Around[2]를 하며 적극적인 Individual 서비스를 한다.
- 조명은 밝게(Full Bright) 유지하되, 면세품 Cart가 지나가는 해당 구역만 밝게 유지하는 것이 바람직하며 밤늦은 시간대에는 Dim 상태로 유지한다.
- 판매 시 도착지 국가의 면세 허용량을 숙지하여 승객에게 안내하도록 하고, 미성년자에게 담배나 술 등이 판매되지 않도록 주의한다. 미성년으로 보일 경우, 여권이나 신분증을 확인한다.
- 주류, 향수 등의 액체류 구입 승객은 한국, 미국, 캐나다, 유럽 연합 등의 국가에 도착한 후 환승 여부를 확인하고, 환승 승객에게는 기내에 탑재된 액체류 면세품을 훼손 탐지 가능 봉투(STEB: Security Tamper Evident Bag)에 넣어 밀봉 처리하고 열지 않아야 환승편 항공기 내로 반입이 가능함을 안내한다.
- 승객이 주문한 물건을 바로 쇼핑백에 담아 전달하지 않고 식사 테이블에 올려놓고 승객과 상호 확인하면 오전달의 실수를 줄일 수 있다.

---

2 승무원이 객실을 순회하며 승객 및 객실을 살피는 것을 의미한다.

대화문 예시

"손님, 주문하신 ○○○와 ○○입니다. 주문하신 물품이 맞는지 확인해 보시겠습니까?"

- 유사품이 많으므로 항상 재차 확인하도록 한다.

Inventory 및 판매일보 출력

- 기내 면세품 판매가 종료되면 판매품의 종류와 잔량을 확인한다.
- POS 단말기를 이용해 판매일보를 출력한다.
- 기내 판매 시 수수된 현금과 수표, 카드 전표를 모아 집계하고 화폐별로 환율을 계산하여 USD로 최종 집계한다.

Sealing

- 판매 총액과 수수된 금액을 비교하여 이상이 없으면 면세품 Cart와 Carrier Box를 Sealing하고 Seal Number를 인계/인수서(판매일보 등)에 입력한다.

교대편 승무원에게 기내 판매 대금 인계

- 판매금액, 귀국편 사전주문서, 판매일보 등을 교대 승무원에게 인계한다.

2) 한국 도착편(In Bound)

한국 도착편에서 비행 중 기내 판매 업무는 교대팀으로부터 판매 대금을 인수받는 절차를 제외하고는 한국 출발편(Out Bound)과 동일한 방법으로 진행된다.

한국 출발편 승무원으로부터 기내 판매 대금 인수

- 노선에 따라 인수인계 방법이 조금씩 다르긴 하지만, 비행 출발 전에 교대팀으로부터 Sales Money Bag을 인계받고 판매일보와 금액을 비교하여 이상 유무를 확인한다.

기내 면세품 인수인계 및 수량 확인

- 항공기에 탑승하면 가장 먼저 면세품 탑재 Cart와 Carrier Box의 Seal No와 Locking 상태를 확인한다.
- 이상 발견 시 즉시 사무장에게 보고하고 지상 직원 입회하에 면세품의 분실 및 도난 여부를 확인한다.
- 이상이 없을 경우, Seal을 뜯어 잔량을 판매일보와 비교, 확인한다.

기내 판매 실시

- 한국 출발편과 동일하게 진행한다.

Inventory 및 판매일보 출력

- 한국 출발편과 동일하게 진행한다.

Sealing

- 한국 출발편과 동일하게 진행한다.

면세품 담당 직원과 확인 및 기내 면세품 인계

- 항공기가 도착한 후에 면세품 담당 직원과 함께 고가품 등의 면세품을 상호 확인한다.
- 기내 면세품을 면세품 담당 직원에게 인계한다.
- 탑재량과 하기량에 차이가 나거나 파손품이 발생한 경우, 인수자에게 확인서를 첨부하여 인계하고 해당 사실을 업무팀에 보고한다.

판매 대금 수납창구(은행)에 기내 판매 대금 반납

- 교대팀에게 인계받은 잔돈과 판매 대금 전부를 판매일보와 함께 수납창구(은행)에 입금하는 것으로써 기내 판매 업무가 종료된다.

3. 면세품 불량 및 파손품 처리

- 불량품은 제조사의 물품 제조 과정에서 발생한 하자 있는 물품을 의미한다.

- 기내에 탑재된 리페어 태그(Repair Tag)에 이름, 발생 연월일, 편명 등을 기입한 후 태그를 불량품에 부착하여 면세품 담당 직원에게 인계한다. 단, 승객이 해당 비행편이 아닌 다른 비행편에서 구입한 물품은 기내에서 불량품으로 교환할 수 없다.
- 불량품 교환이나 환불을 요구하는 승객에게는 기내 판매팀의 전화나 이메일 연락처를 안내한다.
- 파손품은 물리적인 힘에 의해 원래의 상태가 변형, 손상되어 상품 가치가 하락한 물품을 의미한다.
- 파손품이 발생했을 때에는 서울 도착편 승무원이 판매일보와 함께 탑재된 '기내 파손 경위서'를 작성하여 세관 직원의 서명을 받고 파손품과 함께 담당 직원에게 인계한다.
- 파손품은 판매되지 않는 것으로, 하기량으로 분류하여 계산한다.

4. 교환 및 환불

이전 항공편에서 구입한 물품에 대한 기내 교환이나 환불 처리는 불가하며, 해당 비행 구간에서 판매된 물품에 한해 상품 가치가 하락하지 않은 경우에 가능하다.

5. 회항

- 기상 악화, 도착지 공항 사정으로 불가피하게 회항하는 경우, 기내에서 판매된 면세품은 전량 회수하여 환불 처리한다.
- 해외 출발 시 현지 지점에 확인한 후, 필요시에 회수나 환불 조치한다.
- 구매 시 결제된 방식으로 환불 조치되며, 인터넷 주문으로 이미 결제가 완료된 경우에는 해당 사이트를 통해 처리됨을 안내한다.

02

수수 화폐/카드 및 유의사항

Instructions of Bills/Credit Cards for Payment

기내 면세품 판매 시 수수 가능한 화폐는 항공사가 정한 국가의 화폐, 여행자 수표, 신용카드이다. 수수 화폐 및 환율, 가격은 수시로 변동하므로 미리 숙지하도록 한다.

1. 현금

기내에서 취급하는 화폐는 세계적으로 신용도가 높고 환율이 안정적인 나라의 화폐로, 항공사가 정한 국가의 화폐만 취급 가능하므로 주의한다. 특히 고액권은 위조지폐가 아닌지 잘 살펴본다. 항공사마다 취급 화폐가 상이하지만 대개 원화(KRW), 미화(USD), 유로화(EUR), 엔화(JPY), 위안화(CNY)를 사용한다.

미국 화폐

중국 화폐

유로 화폐

일본 화폐

2. 여행자 수표

Counter Sign과 Original Sign의 일치 여부를 확인하고 여행자 수표 뒷면에 성명, 여권번호, 편명 및 날짜를 기재한다.

3. 신용카드

1) 수수 가능 카드

비자, 마스터, 아멕스, 다이너스, JCB 및 국내 사용 카드 등은 수수 가능하다.

2) 수수 불가 카드

- 유효기간 경과 카드, Visa Electron 마크가 있는 카드, 체크 카드, 선불/직불 카드, 멤버십 카드 등은 수령할 수 없다.
- 신용카드 번호가 '6'으로 시작되는 카드는 해외에서만 수령이 가능하므로 사용할 수 없다.

3) 카드 수수 시 유의사항

- 수수 가능한 카드인지 카드의 종류와 유효기간을 확인한다.
- KRW과 USD로만 수령 가능하며, 정해진 1회 사용 한도액을 초과하지 않도록 한다.
- 카드 전표에 승객의 서명이 정확히 기재되었는지 확인한다.
- 법인 명의의 법인 카드이면 반드시 구매자의 성명, 여권번호, 좌석번호를 신용카드 전표에 기재한다.
- 같은 신용카드를 이용하여 미화 50달러를 초과하는 대금은 수령할 수 없다.
- 미화 40달러 이상을 구매할 때에도 카드와 동일한 명의자인지 확인하고 카드 전표에 구매자의 성명, 여권번호, 좌석번호를 기재한다.
- 카드 할부는 국내 발행 카드에 한해 원화로 5만 원 이상 결제할 때 가능하다.

03

기내 주문 판매

Sales of In-flight Order

해당 항공편 기내에서 직접 면세품을 구입하는 것이 아니라 주문서, 전화, 인터넷 등으로 사전에 예약하여 편리하게 이용할 수 있는 판매 방식이다. 주문받은 면세품을 승무원이 기내에서 직접 전달한다.

1. 기내 주문 판매

항공사별로 정해진 클래스에 한해 승객 탑승 시 접수된 주문서를 수령하여 주문을 접수한 승무원이 승객에게 물품을 직접 전달하는 판매 방식이다.

2. 사전주문제도

비행기 탑승 전에 미리 승객이 원하는 물품을 전화, 팩시밀리, 인터넷, 이메일 등으로 주문하면, 승무원이 SSR(SHR)을 이용하여 승객의 좌석번호를 확인하고 전달하는 판매 방식이다.

3. 귀국편 사전주문제도

기내에 탑재된 귀국편 예약 주문서로 예약 주문을 받아 귀국편 기내에서 면세품을 전달하며 대금을 수령하는 판매 방식이다.

- 귀국편이 현지에 도착한 후 72시간 이후(한일, 한중 노선은 48시간 이후) 출발편에 한해 사전주문이 가능하므로 반드시 확인하도록 한다.
- Code Share(공동운항) 항공편은 접수 불가하다.
- 귀국일이 현지 출발일자로 기재되었는지 확인한다.
- 접수 후, 접수자 기재란에 성명, 편명 및 접수일자를 기재한다.
- 귀국편 사전주문서는 2장으로 구성되며, 기내에 준비된 귀국편 사전주문서에 작성한 후 1부는 승객에게, 1부는 수납창구에 제출하며, 주문서를 분실하지 않도록 각별히 유의한다.
- 귀국편 사전주문 물품은 귀국편 기내에서 승객에게 물품을 전달한 후 대금을 정산한다.

(제출용)

- 아래의 주문방식 중 한가지를 선택하여 작성 후 승무원에게 제출 하시기 바랍니다.
  Please check the one of the boxes, fill out the information below and submit it to the Cabin Crew.

☑ **기내 주문** (In-Flight Order)

좌석번호 Seat No	

☑ **예약 주문** (Pre-Order)

- 예약 주문에 체크하시는 분은 아래 사항을 기입해 주시기 바랍니다.
  If you would like to pre-order, please fill out the form below.

☐ 필수기입 Mandatory

성명 Name	국문 (Korean)			스카이패스 회원 번호 SKYPASS No.			
	영문 (English)						
생년월일 Date of Birth				연락처 Telephone No.			
탑승일 (현지 출발일 기준) Return Date	년 (Year)	월 (Month)	일 (Day)	탑승편명 Flight No.	KE	전달 희망 구간 Portion	→

- 기내 면세품을 예약 주문하신 대한항공 스카이패스 회원께는 기내 면세품 포인트를 적립하여 드립니다. 기내 면세품 포인트는 스카이패스 회원 가입 신청서 접수일 이후부터 적립됩니다. 고객님의 개인정보는 기내 면세품 포인트 적립 및 기내 면세품 판매 서비스를 제공하기 위한 용도로만 사용됩니다. (동의 여부를 체크해 주시기 바랍니다.) 예 ☐ 아니오 ☐
- In-flight shopping points will only be offered to SKYPASS members who used pre-order services. Points will only be accumulated after your application of SKYPASS membership is accepted. Your personal data will not be used for any other purposes besides accumulating your in-flight shopping points and managing customer relationships by Korean Air. Please check for agreement. Yes ☐ No ☐

- 탑승일정은 변경시 48시간 전에 연락 주시기 바랍니다.
  If you change your flight schedule, please let us know 48 hours prior to the departure time.
- 기내판매 품목 및 가격은 상품을 전달 받으시는 시점 기준으로 적용됨을 참고 하시기 바랍니다.
  The price of the items will be applicable at the time of delivery.
- 만 19세 미만은 주류를 구매하실 수 없습니다.
  Liquor is not available to passengers under the age of 19 for entering Korea.

품목 번호 Item No.	품 명 Item Description	주문수량 Order Quantity

☞ 도착지 공항에서 다른 비행 편으로 환승하십니까? (국내선으로 환승하는 경우 포함) 예 ☐ 아니오 ☐
Are you going to transfer to another flight? (Including domestic flight) Yes ☐ No ☐

접수자(Receiver)	편명/접수일자(FLT No./Date)

- 세관 신고 필요시간 부족으로 주문 상품이 탑재되지 않을 수도 있음을 안내해 드림 ☐
  Informed that pre-ordered item may not be loaded due to lack of time for customs declaration. ☐
- 기내 판매 품목 및 가격은 상품을 전달 받으시는 시점 기준으로 적용됨을 안내해 드림 ☐
  Informed that product price may be adjusted at the time of purchase. ☐

귀국편 사전주문서

04

국가별 면세 한도

Duty-free Allowance by Country

수행 준거

- 객실 서비스 규정에 따라 국가별 면세품 구매 한도에 관한 정보를 전달할 수 있다.

기내 면세품 판매 시 도착지 국가의 면세 한도액을 승객에게 정확하게 안내할 수 있어야 한다. 국가별 면세 한도는 다음과 같다.

국가	주류	담배	향수	면세액
한국	1병(1L)	1보루	2oz 이내	내국인 출국 시 US $300 이내 입국 시 US $60 이내
미국	1병(1L)	1보루, 엽궐련 50개비	2oz	100미국 달러 이내
중국	2병	2보루	적당량	2,000위안 이내
일본	3병	2보루	2oz	20만 엔 이내
태국	1L	1보루	적당량	10,000바트 이내
필리핀	2병(1L 이하)	2보루, 엽궐련 50개비	적당량	
프랑스	2L(22% 이하), L(22% 초과)	1보루		430유로 이내
캐나다	1병	1보루		60캐나다 달러 이내
영국	2L(22% 이하), 1L(22% 초과)	1보루, 엽궐련 50개비	2oz	430유로 이내
독일	2L(22% 이하), 1L(22% 초과)	1보루, 엽궐련 50개비	50g	430유로 이내
호주	2.25L	250개비		900호주 달러 이내
뉴질랜드	4.5L(와인, 맥주), 3병(기타 술)	1보루		700뉴질랜드 달러 이내
싱가포르	1L	면세 대상 제외	적당량	한도 없음

현장 사례

사례 내용 1

기내 판매 시 손가락으로 원하는 물품을 가리키면서 직접적으로 알려주었는데 물품을 잘못 주셨더군요. 기분이 상당히 나쁩니다. 간단하게 가지고 다닐 콤팩트를 원해서 ○○○를 사려던 건데… 이건 묵직하고 거울도 안 붙어 있고 브러시도 따로 사서 가지고 다녀야 하는데… 물품이 잘못 전달되었으리라고는 꿈에도 생각하지 못하고 포장을 뜯었는데… 이 애물단지를 이제 어쩐답니까? 제 기분 상한 건 또 어떡하구요. 바꿔 주세요.

발생 원인

- 면세품 주문 시 승객의 주문내역을 정확하게 경청하지 않아 승객이 주문한 물품을 확인하지 않고 판매했음
- 면세품 전달 시, 주문한 물품에 대해 승객과 상호 확인하는 절차를 준수하지 않았음

해결 방안

- 기내 면세품 판매 시 유사 품목이 많으므로 고객이 주문한 물품이 해당 물건인지에 대해 승객과 승무원이 상호 확인하는 기본 업무 절차를 반드시 수행해야 함
- "주문하신 물품이 맞는지 확인해 보시겠습니까?" 등의 대화문을 사용하여 오전달을 방지해야 함

사례 내용 2

안녕하세요? 저는 항상 ○○항공을 이용하고 있는 사람입니다. 그런데 이번에는 정말 황당한 일을 겪었습니다. 제가 출장차 출국하는 길에 어머님께 드릴 화장품을 주문했습니다. 승무원께서 지금 주문하면 돌아오는 길에 받을 수 있다고 안내하더군요. 하지만 한국으로 돌아가는 비행기에서 주문한 화장품을 받을 수 없었습니다. 나중에 확인해 보니, 저는 돌아올 때 에어프랑스 항공기를 이용했기 때문에 주문한 물건을 받을 수 없다는 답변을 받았습니다. 덕분에 어머님께 효도 한번 잘 했네요. 누가 책임질 것인지 궁금합니다.

발생 원인

- 기내에서 귀국편 사전주문서를 접수할 때 공동운항 편명 여부, 날짜 등을 확인해야 하는 기본 업무 절차를 준수하지 않았음

해결 방안

- 귀국편 사전주문서 접수 시에는 해당 승무원이 먼저 날짜, 편명, 공동운항 여부, 주문내역 등을 세밀히 확인하여 접수 가능 여부를 안내해야 함
- 기내 판매 승무원이 재차 상호 확인하여 오접수되지 않도록 해야 함

잠깐! 점검해 볼까요?

01
면세품의 이해

1. 기내 판매를 위해 카트에 준비해야 할 아이템들은 무엇인가요?

2. Out Bound 시 교대편 승무원에게 인계해야 할 서류는 무엇인가요?

02
수수 화폐/카드 및 유의사항

1. 수수 불가한 신용카드의 종류를 정리해 보세요.

03
기내 주문 판매

1. 다음의 승객을 응대해 보세요.

① 술을 구입하는 환승 승객
② 면세 허용량을 초과하여 구입하려는 승객
③ 귀국편 사전주문서에 대해 문의하는 승객

04
국가별 면세 한도

1. 국가별 면세 허용량을 정리해 보세요.

객실 상태 점검하기
Inspecting Cabin Conditions

01 객실 시설물 점검(Inspecting Cabin Facilities)
02 화장실 점검(Inspecting Lavatory)
03 갤리 점검(Inspecting Galley)
04 객실 점검(Inspecting Cabin)
05 LPS 좌석 승객 응대(Service for Passengers on LPS)
06 인수인계 서류 작성(Creating Hand-over Documents)

5

01

객실 시설물 점검

Inspecting Cabin Facilities

수행 준거

- 객실 서비스 규정에 따라 고객 서비스를 위해 객실 시설물을 수시로 점검하고 조치할 수 있다.

1st 식사 서비스가 끝나면 대부분의 승객들은 본격적인 휴식에 들어가게 된다. 취침을 하거나, 기내 영화를 보거나, 음악을 듣고, 책을 보는 등 자신만의 시간을 갖게 된다. 이때 승무원은 승객의 편안한 휴식과 안전을 위해 기내 시설물 및 객실 상태를 점검하고 관리한다. 객실 상태 점검은 승객 휴식 시점뿐 아니라 기내 서비스가 이루어지는 순간에도 꾸준히 관리되어야 한다.

객실 시설물이란 항공기 기내에 장착된 시설물로, 승객과 승무원이 사용하는 공간이다. 화장실, 갤리, 승객 좌석, 코트룸, 복도, Bunk 등을 말하며, 쾌적한 환경 조성을 위한 지속적인 관리가 필요하다.

- 항공기 기종에 따라 기내 시설물의 종류와 사양이 다르다.
- 객실 승무원은 항공기 기종에 따른 기내 시설물의 사용법을 숙지해야 하며, 비행 중 이상이 없는지 확인하고 조치한다.
- 승객이 비행 중 가장 많이 사용하는 시설물 중 하나가 개인용 모니터이므로, 모니터는 이상이 없는지 수시로 확인한다.
- 갤리, 승객 좌석 앞주머니 안이나 복도, 코트룸, Bunk의 청결 상태를 확인하고, 화장실 내 화장실 용품의 세팅 상태 등을 확인한다.

02

화장실 점검

Inspecting Lavatory

수행 준거

- 객실 서비스 규정에 따라 고객 서비스를 위해 객실 시설물을 수시로 점검하고 조치할 수 있다.

비행 중 화장실은 고장 난 설비가 있는지, 부족한 용품은 없는지, 바닥이 물기로 인해 미끄럽지는 않은지, 청결 상태 등을 지속적으로 확인하고, 부족한 물품은 수시로 보충한다. 화장실 내부 점검 후에는 방향제(Air Freshener)를 뿌린다. 특히 화장실 집중 이용 시간대인 Meal Tray 회수 종료 직후와 2nd 식사 서비스 전의 각 30분간은 승객 휴식시간대보다 더 자주 화장실을 점검한다.

객실 승무원은 위생적인 면을 고려하여 비닐장갑을 착용하고 점검하며, 앞치마를 두른 채 화장실에 들어가지 않도록 주의한다. 화장실은 흡연 승객 및 환자 승객이 이용하며 사고가 발생할 수 있는 공간이므로, 더욱 관심을 가지고 점검하도록 한다. 만약 고장 난 화장실을 발견하면 밖에서 화장실 문을 잠그고 문에 '수리 중(Repair Tag)'을 부착하여 승객이 화장실을 이용하지 않도록 조치한다.

1. 화장실 용품

칫솔, 스킨, 로션, 구강청정제, 두루마리 화장지, 변기 커버, 티슈, 종이 타월, 양치컵 등이 있다.

화장실 점검사항(Check List)

- ☑ 세면대와 거울은 깨끗한가?
- ☑ 변기는 깨끗한가?
- ☑ 바닥에 물기가 있는가?
- ☑ 화장실 비품은 채워져 있는가?
- ☑ 변기 및 쓰레기통 뚜껑이 닫혀 있는가?
- ☑ 기저귀 교체용 테이블은 깨끗한가?
- ☑ 연기 감지기(Smoke Detector)가 정상적으로 작동하는가?
- ☑ 물내림 장치가 정상적으로 작동하는가?

2. 화장실 용품 정리방법

- 화장실 용품(로션, 칫솔, 구강청정제 등)을 화장실 선반이나 지정된 장소에 로고가 바로 보이도록 배열하며, 스킨과 로션 등은 입구를 열림 상태로 돌려 놓은 후 배열한다.
- 두루마리 화장지는 보기 좋게 끝쪽을 앞으로 하여 삼각형으로 접어 둔다.
- 티슈를 새것으로 교체할 경우, 미리 한 장을 반 정도 뽑아 놓아 승객들이 쉽게 쓸 수 있게 준비한다.
- 화장실 내 컴파트먼트에 여분의 화장실 용품을 충분히 세팅한다.
- 양치컵이 부족하지 않은지 확인한다.

3. 화장실 점검방법

1) Smoke Detector(연기 감지기)

기내 화장실의 화재 발생을 방지하기 위해 금연을 법으로 규정하고 이를 위해 연기를 감지하는 Smoke Detector가 화장실 내부 천장에 설치되어 있다. 연기가 감지되면 Smoke Detector는 경고음을 울리게 되며 경고음이 울리면 경고등도 점등된다. 이때는 Smoke Detector의 이물질 여부를 확인한다.

2) 변기

화장실의 변기는 수세식(Water Flushing Type)과 진공식(Vacuum Type)으로 구분된다. 수세식은 물을 이용한 방식으로 구형 항공기에 해당되며, 진공식은 기

연기 감지기

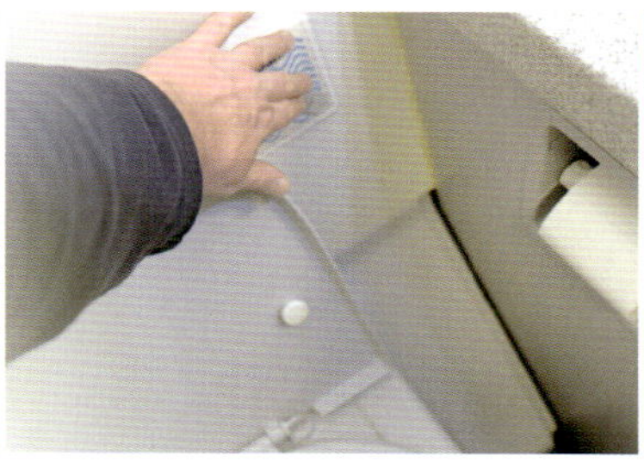
물내림 버튼

세면대의 수도꼭지

내 압력과 탱크 압력차(항공기 외부 압력과 같은 저압력)를 이용하여 흡입되는 방식으로 신형 항공기에 장착되어 있다. Flushing(물내림) 버튼을 눌러 작동에 이상이 없는지 확인하고, 변기 커버 유무를 확인한다.

3) 수도꼭지

배수구에 이상이 없는지, 물 공급이 원활히 되고 있는지 확인한다. 수도꼭지는 기종에 따라 물을 틀고 난 뒤 자동으로 잠기는 종류와 수동으로 여닫는 종류로 구분된다.

4) 물비누

수도꼭지 옆에 놓인 물비누를 눌러 보아 내용물이 잘 나오는지 확인한다.

5) 쓰레기통

쓰레기통은 뚜껑이 닫혀 있어야 하며, 안에 내용물이 잘 처리되었는지 확인한다.

6) 거울

물이 튀어 거울에 물 자국이 남았을 경우, 핸드 타월로 닦는다.

7) 세면대

물이 잘 내려가는지 확인하고, 물기가 있을 경우에는 핸드 타월로 닦는다.

현장 사례

사례 내용 1

기내식이 끝나고 화장실에 양치를 하러 들어갔지만 비치되어 있어야 할 종이컵이 없었고, 다음번에 화장실에 들어가니 있어야 할 페이퍼 타월이 없었습니다. 정말 황당하더군요.

발생 원인

- 화장실 상시 점검과 같은 기본 업무를 수행하지 않았음
- 화장실 사용이 집중되는 시간대임에도 불구하고 화장실 청결 및 비품 상태를 확인하지 않았고 화장실 용품을 보충하지 않았음

해결 방안

- 화장실은 집중 이용 시간대인 Meal Tray 회수 종료 직후와 2nd 식사 서비스 전에 각 30분간 승객 휴식시간대보다 더 자주 점검해야 함
- 화장실을 점검할 때에는 바닥 물기를 제거하고 비품을 확인 및 교체하며 지속적으로 보충해야 함
- 화장실 청결 및 비품 관리 상태는 항공사 서비스 기준의 중요한 척도임을 인식해야 함

사례 내용 2

평소보다 승무원들이 매우 불친절했고, 화장실 관리를 하지 않아 화장실에서 악취가 났습니다. 물론 승객들이 지저분하게 사용했을 수도 있겠지만, 그렇다면 한 번 더 관리했어야 한다고 생각합니다.

발생 원인

- 지속적으로 화장실 상태를 점검하지 않고 악취가 나는 화장실을 그대로 방치했음
- 화장실 점검 시 변기, 거울, 바닥, 세면대 등 청결 상태를 꼼꼼히 살피지 않았음

해결 방안

- 비행 중 화장실의 청결 상태를 지속적으로 점검해야 함
- 악취가 나는 경우에는 화장실의 변기, 바닥, 세면대 등에 오물이 묻어 있는지 확인하고, Lavatory Spray를 사용하여 악취를 제거해야 함

03

갤리 점검
Inspecting Galley

수행 준거

- 객실 서비스 규정에 따라 고객 서비스를 위해 객실 시설물을 수시로 점검하고 조치할 수 있다.

갤리(Galley)는 기내 식음료를 준비하는 공간이므로 기내 식음료의 신선도 및 위생을 위해 항상 청결한 상태를 유지하도록 노력해야 한다. 갤리의 대표적인 설비로는 오븐, 커피메이커, Water Boiler, 냉장고, Microwave, 압축쓰레기통, 기내식 카트, 캐리어 박스(Carrier Box)[1] 등이 있다.

식사 서비스, 면세품 판매 등 기내 서비스를 마친 후에는 다음 편수에 인수인계할 기물이나 기용품을 세척하여 정위치에 보관한다.

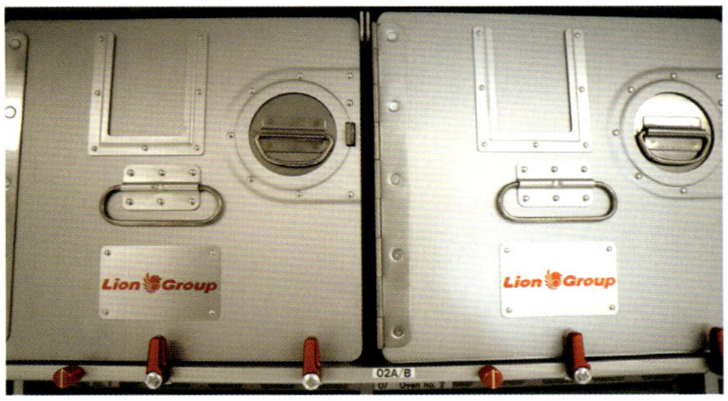

Carrier Box

기내식 카트를 보관하는 장소

1 기내 서비스 용품, 음료, 면세품 등을 보관하는 철재로 된 Box를 의미한다.

갤리 점검사항(Check List)

- ☑ 갤리 내 오븐 등 모든 장비는 청결히 유지한다.
- ☑ 착륙 전 갤리 내 모든 장비의 전원을 'Off'한다.
- ☑ 갤리 내의 캐리어 박스(Carrier Box)와 카트(Cart)는 사용 직후 바로 닫힘(Locking)과 잠김 상태(Latching)가 되도록 확인한다.
- ☑ 갤리 내 각 컴파트먼트(Compartment)에 기물 등을 정위치에 보관한다. 특히 다음 팀에 인계해야 하는 물건이라면 더욱 세심히 정리한다.
- ☑ 기물 및 사용하지 않는 카트는 항상 정위치 보관 장소에 보관한다.
- ☑ 갤리 내에서 작업하는 경우를 제외하고는 이착륙 시, 서비스 시, 승객 휴식 시 갤리(주방) 커튼을 젖혀 둔다. 장거리 승객 휴식시간 갤리는 승객에게 개방해도 무방하다.
- ☑ 갤리 커튼은 눈높이 이상의 부분을 손으로 잡아 여닫는다.
- ☑ 갤리에서 작업 시에는 소음이 나지 않도록 유의한다.

04

객실 점검

Inspecting Cabin

수행 준거

- 객실 서비스 규정에 따라 기내식 서비스 후 객실 통로 및 주변을 청결히 할 수 있다.
- 객실 서비스 규정에 따라 승객의 쾌적한 여행을 위해 객실 내 온도 및 조명을 관리할 수 있다.

승객의 편안한 휴식 및 쾌적한 객실 조성을 위해 객실 승무원은 객실을 순회하며 승객 및 객실 상태를 점검하는 Walk Around(객실 순회)를 실시하며, 이때 복도(Aisle)와 승객 좌석 주변 정돈 상태를 점검(Aisle Cleaning)한다.

1. Walk Around(객실 순회)

- 객실 승무원은 자신의 담당 구역을 일정 시간 간격으로 순회하여 승객의 불편사항이나 요구에 바로 응대한다.
- 승객 휴식 중에는 객실의 조명이 어두우니 승객과 부딪치지 않도록 유의한다.
- 승객의 휴식을 방해하지 않도록 발걸음을 조심하여 걷는다.
- 독서등이나 AVOD 모니터를 켠 채 잠든 승객이 있다면 전원을 꺼 드린다.
- 화장실, 비상구 주변, 객실 뒤쪽 등 안전 취약 지역을 점검하여 갑작스러운 환자 및 화재 발생에 대비한다.
- 갤리 주변, 비상구 주변, 화장실 주변 등 자신의 좌석이 다른 좌석보다 쾌적성이 더 낮다고 생각하는 승객에게는 안대, 귀마개 등을 권하고, 비행 중 수시로 관심을 갖고 서비스한다.

- 승객의 상황과 기호를 감안하여 독서등, 안대, 음료, 간식 등을 적절히 권한다.
- 승객의 호출이 있을 때 바로 응대하며, 메모지에 승객 주문사항을 기록하여 잊지 않고 서비스될 수 있도록 한다.
- 비행 중 좌석벨트 표시등이 켜지면, 즉시 안내방송을 하며 승객의 벨트 착용 상태를 점검하고 화장실 내의 승객 유무를 확인한다.

2. Aisle Cleaning(객실 정리)

- 복도(Aisle)에 떨어진 쓰레기 및 승객 좌석 주머니 속에 정리되지 못한 서비스 용품(사용한 컵, 헤드폰 포장 비닐 등) 등이 있다면 치운다.
- 잡지꽂이에 잡지, 책, 신문 등이 흐트러져 있으면 가지런히 정리하고, 읽을 거리가 항상 채워져 있도록 한다.
- 수화물 선반(Overhead Bin)의 닫힘 상태 등 객실 내 시설물 안전 상태 및 유동물 점검을 실시한다.

3. 객실 온도 조절

객실의 적정 온도는 24±1℃ 정도이다. 객실 승무원은 객실의 쾌적한 환경 조성을 위해 기내 온도에 신경 써야 한다. 항공기가 지상에 있거나 비행하는 중에 기내에 계속해서 신선한 공기를 공급하고 이산화탄소(CO_2) 등 사용된 공기는 항공기 밖으로 배출함으로써 객실을 항상 쾌적하게 하고 온도를 적절하게 유지해 주는 장치가 설치되어 있다. 이를 공기 정화 장치(Air Conditioning System)라고 하며, 냉방과 난방이 모두 가능하다.

객실 온도는 Cabin Attendant Station Panel(객실 승무원 조절 패널)에서 조절한다. 패널이 없는 기종은 기장에게 연락하면 조종실에서 조절 가능하다. 비행 중 각 승객 혹은 좌석 위치에 따라(창쪽, 비상구) 요구하는 적정 온도가 다를 수 있으므로 담요, 따뜻하거나 시원한 음료를 우선적으로 세심하게 서비스한다.

4. 객실 조명 조절

3장의 2절(p.95)을 참고한다.

05

LPS 좌석 승객 응대

Service for Passengers on LPS

LPS(Least Preferable Seat)는 Galley 주변, 화장실 주변, Door Side 등 쾌적한 환경 제공이 어려운 좌석으로, 비선호 좌석을 의미한다.

1. Galley 주변 좌석의 승객 응대 절차

1) Galley 작업 시 소음 발생 주의 및 불필요한 잡담 엄금

- 승객 휴식 중 Galley 내에서 작업해야 하는 경우, Compartment나 Carrier Box 등을 여닫는 데 소음이 발생하지 않도록 조심스럽게 업무를 수행한다.
- Gallley 내에서 승무원 간의 업무 외 대화는 금지하는 것을 원칙으로 하며, 업무적으로 대화가 필요한 경우에는 주변 승객에게 들리지 않도록 낮은 목소리로 말한다.

화장실 옆 좌석

Door Side 좌석

갤리 주변 좌석

© Getty Images Bank

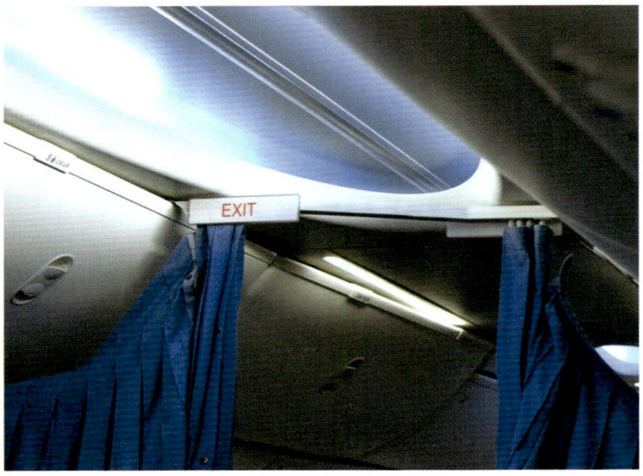

© Getty Images Bank

2) Galley Curtain 개폐 시 유의사항 준수

- 비행 중 Galley Curtain은 서비스 준비 시나 기내 면세품 정리 작업 등 업무상 필요한 경우를 제외하고는 Open한 상태로 유지하고 승객 가시권에서 대기한다.
- Galley Curtain을 여닫을 때에는 펄럭임이나 소음이 발생하지 않도록 Galley Curtain의 상단 부분을 잡고 조심스럽게 여닫는다.
- Galley 내 작업을 위해 조명이 켜져 있는 경우, 불빛이 갑작스럽게 바깥으로 새어 나가지 않도록 유의하며 조심스럽게 출입한다.

2. 비상구 주변 좌석의 승객 응대 절차

비상구 주변 온도가 객실의 적정 온도보다 더 낮을 수 있음을 감안하여 담요 및 Hot Beverage 등을 적극 활용하여 비상구 주변 승객에게 제공한다.

3. 화장실 주변 승객 응대 절차

불빛과 냄새에 노출되기 쉬우므로 매 기내 순회 시 Curtain이 닫혀 있는지 확인하여 주변 승객이 불편을 느끼지 않도록 배려한다.

현장 사례

사례 내용

제가 앉았던 자리는 갤리 바로 옆이었습니다. 바쁜 승무원들의 일상을 잘 볼 수 있었지만, 정말 바쁜 일 외에는 신경을 안 쓰는 듯 보였습니다. 갤리 주변에도 승객 좌석이 있는데 갤리의 커튼을 걷을 때에도 아랑곳하지 않고 휙휙! 조금만 신경 써 주시면 될 텐데, 어찌나 힘차게 커튼을 걷으며 다니시는지 한분 한분 다니실 때마다 제 다리를 치고 또 치고… 몇 번은 제 다리 위로 올라오고… 13시간을 그렇게 왔습니다. 조금 잠이 들 만 하면 또 제 다리를 치고…
그리고 갤리 안이 정말 시끄럽더군요. 무슨 얘기를 하는지 다 들릴 정도이고, 잠깐이 아닌 비행 내내 그랬습니다. 어디를 갔었는데 누가 어쨌고, 어디가 어쩌고… 승무원들이 웃고 떠드는 소리에 잠을 통 잘 수가 없었습니다.

발생 원인

- Galley 주변에 착석한 승객에 대한 세심한 배려 없이 승무원들이 부주의하게 Galley 커튼을 열고 닫으며 Galley 내에서 잡담을 하여 승객의 휴식을 방해했음

해결 방안

- Galley 작업 시 소음 발생 주의 및 불필요한 잡담을 엄금해야 함
- Galley Curtain 개폐 시 유의사항을 준수하고 Galley 주변 승객에게는 더욱 세심한 배려가 필요함
- Galley 주변, 화장실 주변, Door Side 등 쾌적한 환경 제공이 어려운 좌석에 착석한 승객에게는 수시로 관심을 표현하며, 귀마개와 안대 등을 제공하는 등 세심하게 응대해야 함

06

인수인계 서류 작성

Creating Hand-over Documents

1. Dry Item Inventory List(소모품 재고 확인서)

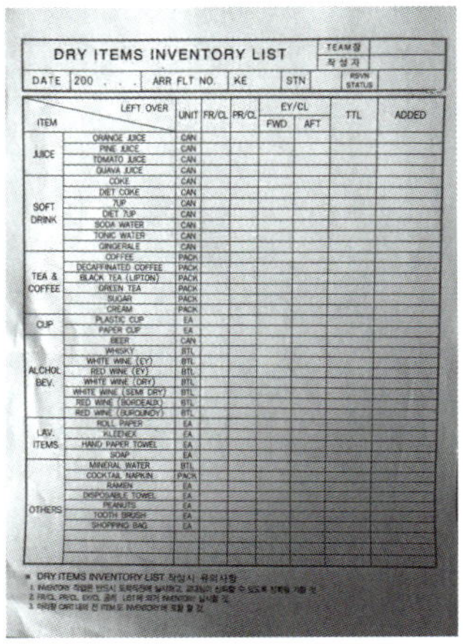

DRY ITEMS INVENTORY LIST

TEAM장	
작성자	

DATE	200 . . .	ARR FLT NO.	KE	STN		RSVN STATUS	

ITEM	LEFT OVER	UNIT	FR/CL	PR/CL	EY/CL FWD	EY/CL AFT	TTL	ADDED
JUICE	ORANGE JUICE	CAN						
	PINE JUICE	CAN						
	TOMATO JUICE	CAN						
	GUAVA JUICE	CAN						
SOFT DRINK	COKE	CAN						
	DIET COKE	CAN						
	7UP	CAN						
	DIET 7UP	CAN						
	SODA WATER	CAN						
	TONIC WATER	CAN						
	GINGERALE	CAN						
TEA & COFFEE	COFFEE	PACK						
	DECAFFINATED COFFEE	PACK						
	BLACK TEA (LIPTON)	PACK						
	GREEN TEA	PACK						
	SUGAR	PACK						
	CREAM	PACK						
CUP	PLASTIC CUP	EA						
	PAPER CUP	EA						
ALCHOL BEV.	BEER	CAN						
	WHISKY	BTL						
	WHITE WINE (EY)	BTL						
	RED WINE (EY)	BTL						
	WHITE WINE (DRY)	BTL						
	WHITE WINE (SEMI DRY)	BTL						
	RED WINE (BORDEAUX)	BTL						
	RED WINE (BURGUNDY)	BTL						
LAV. ITEMS	ROLL PAPER	EA						
	KLEENEX	EA						
	HAND PAPER TOWEL	EA						
	SOAP	EA						
OTHERS	MINERAL WATER	BTL						
	COCKTAIL NAPKIN	PACK						
	RAMEN	EA						
	DISPOSABLE TOWEL	EA						
	PEANUTS	EA						
	TOOTH BRUSH	EA						
	SHOPPING BAG	EA						

※ DRY ITEMS INVENTORY LIST 작성시 유의사항

한국 출발편(Out Bound)에서 기내 서비스를 한 후 소모품의 잔량을 점검하여 교대팀이 부족한 소모품을 탑재하는 데 참고할 수 있도록 기재하는 서류이다.

클래스별로 작성하며 기내에 남아 있는 소모품마다 탑재량과 사용량을 잘 정리해 기재한다.

2. Liquor Inventory List(주류 재고 확인서)

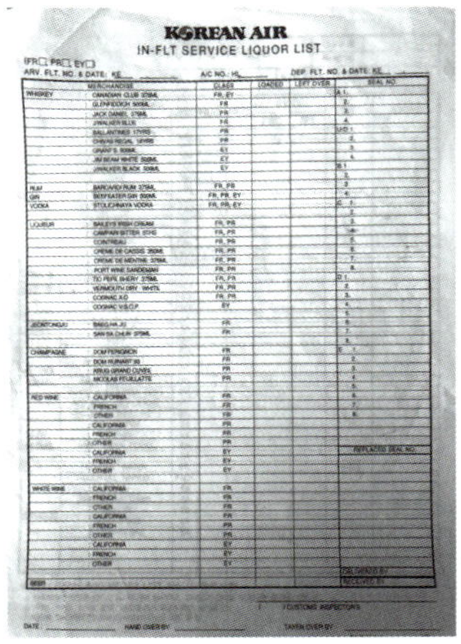

KOREAN AIR

IN-FLT SERVICE LIQUOR LIST

ARV. FLT. NO. & DATE: KE　A/C NO.: HL　DEP. FLT. NO. & DATE: KE

	MERCHANDISE	CLASS	LOADED	LEFT OVER	SEAL NO.

기내에 탑재되는 각종 주류(위스키, 와인, 맥주, 샴페인 등)의 탑재량과 사용량, 잔량을 기재하는 서류로 미국에 입국할 때 제출한다.

주류 목록을 작성하고 실 넘버(Seal No.)를 기록하는데, 이 서류는 기내에서 사용되는 주류가 모두 면세품, 즉 기내 서비스 전용이기 때문에 보세 구역 이외로 반출되는 것을 막기 위해 해당 국가 세관 당국에서 요청하는 서류이다.

보통 기내 서비스가 끝나고 승객 휴식시간에 주류 카트를 정리하면서 서류를 작성하는데, 이때 갤리에서의 소음 및 불빛이 새어 나가서 승객의 휴식을 방해하지 않도록 주의한다.

잠깐! 점검해 볼까요?

01
객실 시설물 점검

1. 객실 시설물의 종류를 열거해 보세요.
2. 객실 시설물별로 점검 요령을 서술해 보세요.

03
갤리 점검

1. 점검해야 할 갤리 안의 설비에는 무엇이 있나요?
2. 갤리 설비들의 점검방법을 정리해 보세요.

04
객실 점검

1. Walk Around(객실 순회)와 Aisle Cleaning(객실 정리)을 실시해 보세요.
2. 객실 내 적정 온도는 몇 도인가요?

05
LPS 좌석 승객 응대

1. LPS 좌석 승객의 응대가 중요한 이유는 무엇인가요?
2. LPS 좌석 승객 중 갤리 주변 승객 응대 절차를 설명해 보세요.

06
인수인계 서류 작성

1. 교대팀에게 인수인계해야 할 서류의 종류는 무엇인가요?
2. 주류 재고 확인서 작성 시 주의할 점은 무엇인가요?

착륙 전 서비스

Pre-landing Service

PART 2

PASS
外国人出境卡
DEPARTURE CARD
姓
name
名
names
月Month
日Day

입국서류 배포 및 작성 지원하기

Distributing Immigration Documents and Supporting Passengers

01 출입국 서류의 이해(Understanding of Immigration Documents)

02 국가별 출입국 규정(내국인 입국 기준) (Immigration Regulation by Country (Citizens))

03 입국서류 작성법(How to Fill out the Immigration Form)

04 특수 고객 응대(Service for Passengers with Special Needs)

6

01

출입국 서류의 이해

Understanding of Immigration Documents

수행 준거

- 객실 서비스 규정에 의해 담당 구역별 도착지 입국에 필요한 서류를 배포할 수 있다.

1. 입국서류 개요

- 입국서류란 목적지 국가 입국에 필요한 서류로, 입국 신고서, 세관 신고서, 검역 설문서를 말한다.
- 객실 승무원은 항공기 도착 전, 도착 국가의 입국서류를 승객에게 배포하고 작성을 돕는다.
- 승객에게 배포 시 동반 가족 여부, 승객의 통과(Transit) 여부와 승객의 최종 목적지 등을 확인한 후, 적합한 입국서류를 배포한다.

- 노약자 및 도움을 필요로 하는 승객(UM, 유아 동반 승객, 장애인 등)은 적극 돕는다.
- 승객이 입국서류 작성에 대해 질문할 때를 대비하여 해당 국가 입국서류 작성법을 숙지한다.

2. 출입국에 필요한 서류의 종류

1) 출입국 신고서(E/D Card, Embarkation And Disembarkation Card)

출입국 신고서는 보통 입국카드, E/D Card라고 불리며 국가별로 양식이 다르다. 출입국 신고서는 1인당 1부의 신고서를 작성하는 것이 일반적이다.

2) 세관 신고서(Customs Declaration Form)

세관 신고서는 승객이 반입하는 물품 등을 세관에 신고하고 그 허가를 요청하는 서류로 도착 국가가 정하고 있는 관세법에 따라 작성하여 세관원에게 제출한다.

3) 검역 질문서(Health Questionnaire)

질병관리본부가 지정한 검역 감염병 오염 지역과 인근 지역을 체류하거나 경유한 입국자가 입국 시 공항 등에서 의무적으로 제출해야 하는 서류이다.

4) 여권(Passport)

해외여행을 하는 사람을 위해 정부가 발행하는 공식 신분 증명서이다. 소지한 사람의 사진과 서명, 법적 이름, 생년월일, 국적 등 신분에 관한 사항을 증명한다. 가장 대표적인 여행 증명서이다.

여권의 종류는 크게 3가지로 구분된다.

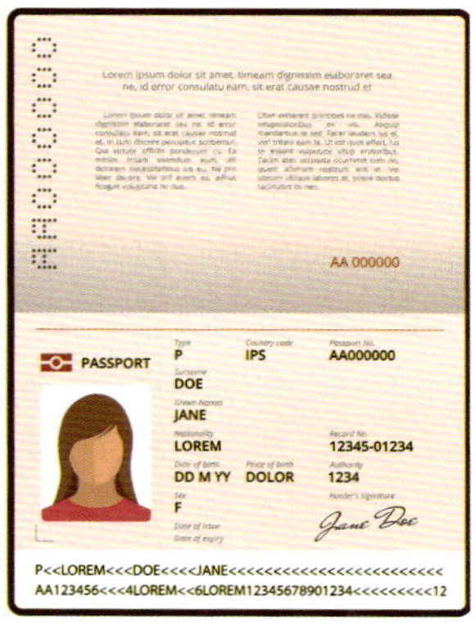

일반 여권

해외여행에 결격사유가 없는 일반 국민이 사용하는 여권으로 단수 여권과 복수 여권으로 구분된다.

- 단수 여권: 1회에 한하여 여행을 할 수 있는 여권으로 1년의 유효기간이 부여된다(발급일로부터 6개월 이내에 출국).
- 복수 여권: 유효기간 중에는 횟수의 제한 없이 여행할 수 있는 여권으로 10년 이내의 유효기간이 부여된다.

관용 여권

공무원과 공공기관, 한국은행 및 한국수출입은행의 임원과 직원으로서 공무로 국외를 여행하는 자와 관계기관이 추천하는 그 배우자, 미혼인 직계비속, 생활 능력이 없는 부모 등에게 발급되는 여권이다.

외교관 여권

대통령, 국회의장, 대법원장, 국무총리, 전직 대통령, 외교통상부장관, 특별사절, 정부 대표 등에게 발급되는 여권이다.

5) 사증(Visa)

국가 간 이동을 위해서는 원칙적으로 사증(입국 허가)이 필요하다. 사증을 받기 위해서는 상대국 대사관이나 영사관을 방문하여 방문 국가가 요청하는 서류 및

© Getty Images Bank

사증 수수료를 지불해야 하며 경우에 따라서는 인터뷰도 거쳐야 한다. 사증면제제도란 이런 번거로움을 없애기 위해 국가 간 협정이나 일방 혹은 상호 조치에 의해 사증 없이 상대국에 입국할 수 있는 제도이다.

3. 입국서류 배포

입국서류는 항공기 출발 전 지상에서 지상 직원이 항공기로 가져와 사무장에게 전달한다. 이때 사무장은 해당 편의 승객 수와 국적에 따라 각각의 언어로 된 서류가 적당량 탑재되었는지 확인한다.

배포 시점은 항공사와 노선에 따라 상이하나 보통은 식사 서비스를 마친 후 담당 구역 승객에게 배포한다. 입국서류 배포 시 승무원은 승객의 최종 목적지와 입국서류 필요 여부를 확인하고 배포하며, 작성법을 모르는 승객에게는 친절하고 적극적인 자세로 작성을 돕는다. 특히 목적지 국가의 출입국 규정이 변경될 수 있으므로 비행 전에 정확한 정보를 숙지하여 승객에게 제공해야 한다.

02

국가별 출입국 규정 (내국인 입국 기준)

Immigration Regulation by Country(Citizens)

수행 준거

- 객실 서비스 규정에 따라 도착지 국가의 출입국 규정을 숙지하여 승객에게 정확히 안내할 수 있다.

1. 대한민국

모든 승객은 여권을 소지해야 한다.

대한민국 입국서류
세관 신고서(가족당 1부만 작성), 입국 신고서(내국인 작성 불요)

자동출입국심사

자동출입국심사(SES: Smart Entry Service)는 탑승객이 사전에 여권 정보와 지문 및 안면 정보(생체 정보)를 등록한 후 개인정보 활용에 동의한 희망자에 대하여 SES 전용 게이트를 이용하여 출입국 심사를 진행하는 시스템이다. 입국 심사관을 직접 대면할 필요 없이 12초 이내로 출입국 심사를 마칠 수 있는 제도이다.

2. 미국

미국 출입국하는 모든 승객이 여권이 필요하며, 비자를 발급받거나 '전자여행허가(ESTA: Electronic System of Travel Authorization)'를 취득해야 한다.

전자여행허가(미국 비자 면제 프로그램)

2008년 이전에는 미국에 방문하기 위해서 반드시 주한미국 대사관을 방문하고 인터뷰 등의 복잡한 절차를 거쳐 비자를 발급받아야 했다. 하지만 2008년 11월 17일 우리나라가 미국의 '비자 면제 프로그램(VWP: Visa Waiver Program)'에 가입함으로써 우리 국민은 인터넷에서 간단한 등록절차를 거쳐 ESTA를 발급받는 것만으로 비자 없이 미국을 방문할 수 있게 되었다. 단, ESTA는 전자 여권에만 적용되며, 전자 여권이 아닌 여권은 별도의 비자를 받아야 한다.

VWP(Visa Waiver Program)

미국 정부는 국경 보안, 출입국 관리, 비자 거부율 등을 감안하여 약 30~40개국에 90일간 관광 · 상용 등의 목적으로 비자 없이 입국 · 체류할 수 있는 VWP 가입국 지위를 부여한다. 우리나라에는 2008년 11월 17일부터 VWP가 적용되어 우리 국민의 무비자 미국 방문이 가능해졌다.

한번 VWP 가입국이 되었다고 해서 그 지위가 계속 유지되는 것은 아니며, 미국 정부에서 2년마다 우리나라의 대테러대책, 출입국 관리 및 여권 관리 현황, 불법체류 · 입국거부자 인원 등을 감안하여 가입국 지위 연장 여부를 결정하게 된다.

셍겐조약(Schengen agreement)

셍겐조약은 유럽 지역 26개 국가들이 여행과 통행의 편의를 위해 체결한 협약으로, 셍겐조약 가입국을 여행할 때에는 마치 국경이 없는 한 국가를 여행하는 것처럼 자유로이 이동할 수 있다.

셍겐조약 가입국(총 26개국)

그리스, 네덜란드, 노르웨이, 덴마크, 독일, 라트비아, 룩셈부르크, 리투아니아, 리히텐슈타인, 몰타, 벨기에, 스위스, 스웨덴, 스페인, 슬로바키아, 슬로베니아, 아이슬란드, 에스토니아, 오스트리아, 이탈리아, 체코, 포르투갈, 폴란드, 프랑스, 핀란드, 헝가리

주의사항

셍겐조약 가입국에서는 6개월(180일) 이내에 최대 90일간 체류할 수 있다. 여기서 180일은 해당 국가의 입국일을 기준으로 하지 않고 해당 국가의 출국 예정일을 기준으로 180일을 거꾸로 세어 그 기간 안에 셍겐조약 지역에서 총 90일 동안 비자 없이 체류가 가능하다..만약 이를 위반할 경우 향후 셍겐국가 입국 시 불이익을 받거나 벌금을 물 수 있으니 주의한다.

VWP 대상 국가

한국, 안도라, 타이완, 그리스, 몰타, 슬로바키아, 리투아니아, 에스토니아, 헝가리, 체코, 라트비아, 포르투갈, 산마리노, 싱가포르, 스페인, 슬로베니아, 스웨덴, 오스트레일리아, 덴마크, 핀란드, 프랑스, 이탈리아, 독일, 노르웨이, 영국, 모나코, 리히텐슈타인, 일본, 아일랜드, 뉴질랜드, 룩셈부르크, 브루나이, 벨기에, 스위스, 아이슬란드, 오스트리아이다.

미국 입국서류

세관 신고서(가족당 1부만 작성), 입국 신고서(I–94)

입국 신고서(I-94)

미국 여행 시 시민권자 및 영주권자를 제외한 모든 미국 입출국자들이 작성하는 서류로, 2013년 6월부터 도입된 전자식 자동 입출국 시스템이다. 과거에는 기내 또는 국경에서 작성하여 여권에 부착하는 종이 서류였으나, 현재는 온라인으로 절차가 변경되어 아래 주소에서 본인의 I-94 정보를 확인할 수 있게 되었다.(https://i94.cbp.dhs.gov/I94/#/home)

3. 중국

모든 승객은 여권이 필요하며 비자를 발급받아야 한다.

중국 입국서류
출입국 신고서, 세관 신고서, 검역 신고서

출입국 신고서

- 입국 신고서 양식에 출국 신고서가 포함되어 있다.
- 단, 유효한 입국서류를 소지한 홍콩인, 마카오인, 타이완인, 화교는 작성하지 않아도 된다.
- 그룹 비자(Group Visa)를 소지한 승객은 작성하지 않아도 된다.
- 국제선 통과 승객은 입국 카드와 출국 카드를 모두 작성해야 한다.

세관 신고서

- 2008년 자율신고제로 변경됨에 따라 신고 물품이 있는 경우에만 작성한다.

4. 일본

모든 승객은 여권이 필요하며 비자를 발급받아야 한다.

일본 입국서류
입국 신고서, 세관 신고서(가족당 1부만 작성)

입국 신고서

모든 외국인 승객이 작성하며, 국제선 통과 승객(International Transit Passenger)은 작성하지 않는다.

5. 영국

모든 승객은 여권이 필요하며, 한국 여권을 기준으로 최대 6개월까지 무비자로 체류하는 것이 가능하다(왕복표를 소지해야 함).

영국 입국서류

2019년 5월 20일부터 영국 입국 신고서 작성이 폐지되었다(모든 국적이 해당됨). 세관 신고서, 검역 신고서가 없다.

6. 독일

모든 승객은 여권이 필요하다. 한국인은 무비자로 90일까지 체류 가능하다.

독일 입국서류

입국 신고서, 세관 신고서, 검역 신고서가 없다.

7. 프랑스

모든 승객은 여권이 필요하며, 도착일 기준 3개월 이내의 출국 항공권이 필요하다. 비자는 3개월 이내 체류 시 면제된다(귀국 항공권 필요함).

프랑스 입국서류

입국 신고서, 세관 신고서, 검역 신고서가 없다.

8. 호주

모든 승객은 여권과 비자가 필요하다.

호주 입국서류
입국 신고서

03

입국서류 작성법

How to Fill out the Immigration Form

수행 준거

- 객실 서비스 규정에 따라 도착 전 입국에 필요한 서류의 작성 여부를 점검하고 조치할 수 있다.

1. 입국 신고서

- 외국으로 입국 시 입국서류를 작성할 때에는 영문 대문자로 작성한다.
- 모든 입국 신고서에는 도착 국가 내에 '체류 주소란'이 있으므로 사전에 숙지하도록 한다.

2. 세관 신고서

- 국가에 따라 입국과 관련된 면세 허용 규정이 모두 다르다. 따라서 도착하는 국가의 세관 규정에 따라 세관 신고서를 작성하고 신고 물품이 있는 경우에는 반드시 신고해야 한다.
- 면세 허용량은 각 국가마다 다르므로 비행 전에 목적지 국가의 면세 규정을 숙지해야 한다.
- 면세 허용량은 거주자와 비거주자에 따라 달라지는 경우가 있으므로 꼼꼼하게 확인하도록 한다.
- 모든 신고 대상 품목은 반드시 신고해야 하며 미신고 시 적발되면 처벌받을 수 있다.

3. 검역 신고서

- 검역 신고서는 신고서 작성을 요구하는 국가의 경우에만 작성한다.
- 한국 도착 시에는 한국국립검역소에서 지정한 국가에서 출발한 경우에만 검역 신고서를 작성한다.
- 국가적으로 위험하다고 판단되는 질병이 만연한 경우에는 한국 도착 전 편의 검역 신고서 작성 신고를 요구하기도 한다.

대한민국 출입국 관련 서류

대한민국 입국 신고서

ARRIVAL CARD
入境卡(外国人用)
※ Please fill out in Korean or English.
※ 请填写韩文或英文。

Family Name / 姓 ❶ 성	Given Name / 名 ❷ 이름	❸ 성별 ☐ Male / 男 ☐ Female / 女
Nationality / 国籍 ❹ 국적	Date of Birth / 出生日期 ❺ 생년월일 Y Y Y Y M M D D	Occupation / 职业 ❻ 직업

Address in Korea / 在韩地址 (☎ :)
❼ 한국 내 체류 예정지

※ 'Address in Korea' should be filled out in detail. (See the back side)
※ 必须填写'在韩地址'。(参考后面)

Purpose of visit / 入境目的 ❽ 방문 목적		Signature / 签名 ❾ 서명
☐ Tour 观光	☐ Visit 访问	
☐ Business 商务	☐ Employment 就业	
☐ Others 其他 ( )		

대한민국 세관 신고서

여행자 휴대품 신고서

- 모든 입국자는 관세법에 따라 신고서를 작성 · 제출하여야 하며, 세관공무원이 지정하는 경우에는 휴대품 검사를 받아야 합니다.
- 가족여행인 경우에는 1명이 대표로 신고할 수 있습니다.
- 신고서 작성 전에 반드시 뒷면의 유의사항을 읽어보시기 바랍니다.

성 명			
생년월일		여 권 번 호 (외국인에 한함)	
직 업		여 행 기 간	일
여행목적	☐ 여행 ☐ 사업 ☐ 친지방문 ☐ 공무 ☐ 기타		
항공편명		동반가족수	명
대한민국에 입국하기 전에 방문했던 국가 (총 개국) 1. 2. 3.			
국내 주소			
전화번호 (휴대폰)	☎ ( )		

세 관 신 고 사 항
– 아래 질문의 해당 ☐에 "✓"표시 하시기 바랍니다 –

	있음	없음
1. 해외(국내외 면세점 포함)에서 취득(구입, 기증, 선물 포함)한 면세범위 초과 물품(뒷면 1 참조) [총금액 : 약] *면세범위 초과물품을 자진신고하시면 관세의 30%(15만원 한도)가 감면됩니다.	☐	☐
2. FTA 협정국가의 원산지 물품으로 특혜관세를 적용받으려는 물품	☐	☐
3. 미화로 환산하여 $10,000을 초과하는 지급수단(원화 · 달러화 등 법정통화, 자기앞수표, 여행자수표 및 그 밖의 유가증권) [총금액 : 약]	☐	☐
4. 총포류, 도검류, 마약류 및 헌법질서 · 공공의 안녕질서 · 풍속을 해치는 물품 등 반입이 금지되거나 제한되는 물품(뒷면 2 참조)	☐	☐
5. 동물, 식물(과일 · 종자 · 묘목 등), 축산물가공품(햄 · 육포 · 알 등) 등 검역대상물품 또는 가축전염병발생국의 축산농가 방문 ※가축전염병발생국의 축산농가 방문자는 농림축산검역본부에 신고하시기 바랍니다.	☐	☐
6. 판매용 물품, 업무용 물품(샘플 등), 다른 사람의 부탁으로 반입한 물품, 예치 또는 일시수출입 물품	☐	☐

본인은 이 신고서를 사실대로 성실하게 작성하였습니다.
년 월 일
신고인 : (서명)

85mm×210mm (백상지 120g/m²)

[신고물품 기재란]

▶ 술 · 담배 · 향수 (면세범위를 초과하는 경우에만 전체 반입량을 적습니다)

술	( )병, 총( )ℓ, 금액 US ( )$		
담 배	( )갑(20개비 기준)	향 수	( )mℓ

▶ 그 밖의 면세범위 (US $600) 초과 물품

품 명	수(중)량	금 액

1. 휴대품 면세범위

▶ 술 · 담배 · 향수(품목별 각각 적용)

술	담 배	향 수
1병 (1ℓ이하로서 US $400이하)	200개비	60mℓ

- 만19세 미만인 사람에게는 주류 및 담배를 면세하지 않습니다.

▶ 기타 물품 (합산가격 기준 적용)

US $600이하
(자가 사용, 선물용, 신변용품 등으로 한정합니다.)
- 다만, 농림축산물, 한약재 등은 10만원 이하로 한정하며, 품목별로 수량 또는 중량에 제한이 있습니다.

2. 반입이 금지되거나 제한되는 물품
- 총포(모의총포) · 도검 등 무기류, 실탄 및 화약류, 방사성물질, 감청설비 등
- 메트암페타민 · 아편 · 헤로인 · 대마 등 마약류 및 오 · 남용 우려 의약품
- 헌법질서 · 공공의 안녕질서 · 풍속을 해치는 물품 및 정부의 기밀을 누설하거나 첩보활동에 사용되는 물품
- 위조(가짜)상품 등 지식재산권 침해물품, 위조지폐 및 위 · 변조된 유가증권
- 웅담, 사향, 녹용, 악어 가죽, 상아 등 멸종위기에 처한 야생 동식물 및 관련 제품

3. 검역대상물품
- 살아있는 동물(반려견 등), 수산동물(물고기 등), 축산물가공품(식육 · 육포 · 순대 · 소시지 · 햄 · 치즈 · 알 등)
- 흙, 과일류(망고 · 라임 · 사과 등), 채소류(고추 등), 견과류(호두 등), 종자류, 묘목류 등
- 미신고 시 관련 법령에 따라 과태료 등이 부과될 수 있습니다.

※ 유의사항
- 성명은 여권의 한글 또는 영문명으로 적으시기 바랍니다.
- 신고 대상 물품을 신고하지 않거나 허위신고 또는 대리반입하는 경우 「관세법」에 따라 5년 이하의 징역 또는 해당물품 유치, 가산세 부과(납부세액의 40%, 2년이내 2회 초과할 경우에는 60%), 통고처분 및 해당물품 몰수 등 불이익을 받게 됩니다.
- FTA 협정 등에 따라 일정 요건을 갖춘 물품은 특혜 관세를 적용받을 수 있으며, 다만 사후에 특혜관세를 신청하려는 경우에는 일반 수입신고가 필요합니다.
- 그 밖의 궁금하신 사항은 세관공무원 또는 ☎125로 문의하시기 바랍니다.

대한민국 건강상태 질문서

■ 검역법 시행규칙 [별지 제9호서식]

건강상태 질문서

(앞쪽)

성명	성별 [ ]남 [ ]여
국적	생년월일
여권번호	도착 연월일
항공기 편명	좌석번호
한국 내 주소	
휴대전화	

과거 21일 동안의 방문 국가명을 적어 주십시오.

1)	2)	3)

과거 21일 동안에 아래 증상이 있었거나 현재 있는 경우 해당란에 "√" 표시를 해주십시오.

[ ] 설사	[ ] 구토	[ ] 복통	[ ] 발열	[ ] 오한
[ ] 콧물 또는 코막힘	[ ] 기침	[ ] 인후통	[ ] 근육통	[ ] 두통
[ ] 호흡곤란	[ ] 발진	[ ] 모기물림	[ ] 눈충혈	[ ] 기타 ( )

건강상태 질문서 작성을 기피하거나 거짓으로 작성하여 제출하는 경우 「검역법」 제12조 및 제39조에 따라 1년 이하의 징역 또는 1천만원 이하의 벌금에 처해질 수 있습니다.

작성일 년 월 일
작성인 (서명 또는 인)

국립검역소장 귀하

148mm×210mm (황색지 70g/㎡)

일본, 중국, 미국 출입국 관련 서류

일본 입국 신고서

外国人入国記録 DISEMBARKATION CARD FOR FOREIGNER 외국인 입국기록 【ARRIVAL】

英語又は日本語で記載して下さい。Enter information in either English or Japanese. 영어 또는 일본어로 기재해 주십시오.

氏 名 Name 이름		Given Names 영문 이름	
生年月日 Date of Birth 생년월일	Day 日 일 Month 月 월 Year 年 년	現住所 Home Address 현주소	国名 Country name 나라명 / 都市名 City name 도시명
渡航目的 Purpose of visit 도항 목적	□ 観光 Tourism 관광 □ 商用 Business 상용 □ 親族訪問 Visiting relatives 친척 방문 □ その他 Others 기타 ( )	航空機便名・船名 Last flight No./Vessel 도착 항공기 편명・선명 / 日本滞在予定期間 Intended length of stay in Japan 일본 체재 예정 기간	
日本の連絡先 Intended address in Japan 일본의 연락처		TEL 전화번호	

裏面の質問事項について、該当するものに✓を記入して下さい。Check the boxes for the applicable answers to the questions on the back side. 뒷면의 질문사항 중 해당되는 것에 ✓ 표시를 기입해 주십시오.

1. 日本での退去強制歴・上陸拒否歴の有無 / Any history of receiving a deportation order or refusal of entry into Japan / 일본에서의 강제퇴거 이력・상륙거부 이력 유무 — □ はい Yes 예 □ いいえ No 아니오
2. 有罪判決の有無（日本での判決に限らない）/ Any history of being convicted of a crime (not only in Japan) / 유죄판결의 유무 (일본 내외의 모든 판결) — □ はい Yes 예 □ いいえ No 아니오
3. 規制薬物・銃砲・刀剣類・火薬類の所持 / Possession of controlled substances, guns, bladed weapons, or gunpowder / 규제약물・총포・도검류・화약류의 소지 — □ はい Yes 예 □ いいえ No 아니오

以上の記載内容は事実と相違ありません。I hereby declare that the statement given above is true and accurate. 이상의 기재 내용은 사실과 틀림 없습니다.

署名 Signature 서명

E.D.No.出入国記録番号 区分

【質問事項】 [Questions] 【질문사항】

1. あなたは, 日本から退去強制されたこと, 出国命令により出国したこと, 又は, 日本への上陸を拒否されたことがありますか?
Have you ever been deported from Japan, have you ever departed from Japan under a departure order, or have you ever been denied entry to Japan?
귀하는, 일본에서 강제 퇴거 당한 일, 출국 명령에 의하여 출국한 일, 또는, 일본에 상륙을 거부 당한 일이 있습니까?

2. あなたは, 日本国又は日本国以外の国において, 刑事事件で有罪判決を受けたことがありますか?
Have you ever been found guilty in a criminal case in Japan or in another country?
귀하는, 일본국 또는 일본국 이외의 나라에서 형사사건으로 유죄판결을 받은 일이 있습니까?

3. あなたは, 現在, 麻薬, 大麻, あへん若しくは覚せい剤等の規制薬物又は銃砲, 刀剣類若しくは火薬類を所持していますか?
Do you presently have in your possession narcotics, marijuana, opium, stimulants, or other controlled substance, swords, explosives or other such items?
귀하는 현재, 마약, 대마, 아편 혹은 각성제 등의 규제약물 또는 총포, 도검류 혹은 화약류를 소지하고 있습니까?

記入欄 Official Use Only

일본 세관 신고서

(A면) 일본국세관 세관 양식 C 제 5360-C호

휴대품・별송품 신고서

아래 및 뒷면의 사항을 기입하여 세관직원에게 제출하여 주시기 바랍니다.
가족이 동시에 검사를 받을 경우에는 대표자가 1장 제출하여 주시기 바랍니다.

탑승기편명 (선박명)		출발지	
입국일자	년 월 일		
성명 (영문)	성 (Surname)	이름 (Given Name)	
현주소 (일본국내 체류지)	전화번호 ( )		
국적		직업	
생년월일	년 월 일		
여권번호			
동반가족	20세 이상 명	6세 ~ 20세 미만 명	6세 미만 명

※ 아래 질문에 대하여 해당하는 □ 에 " ✓ " 표시를 하여 주시기 바랍니다.

1. 다음 물품을 가지고 있습니까? (있음 / 없음)

① 일본으로 반입이 금지되어 있는 물품 또는 제한되어 있는 물품 [예를 들면, 마약, 권총, 폭발물] (B면 1. 및 2. 참조) □ □
② 금지금 또는 금제품 □ □
③ 면세 범위 (B면3. 참조)를 초과하는 구입품(산 물품), 선물, 기증품등 □ □
④ 상용 물품 · 상품 견본(샘플) □ □
⑤ 다른사람의 부탁으로 대리 운반하는 물품 □ □

* 상기 항목에서 「있음」을 선택한 분은 입국시에 가지고 온 물품을 B면에 기입하여 주시기 바랍니다.

2. 100만엔 상당액을 초과하는 현금, 유가증권 또는 1kg 초과하는 귀금속등을 가지고 있습니까? (있음 □ / 없음 □)

* 「있음」을 선택한 분은 별도로 「지불수단 등의 휴대 수출·수입신고서」를 제출하여 주시기 바랍니다.

3. 별송품 입국할 때 가지지 않고 우편물등의 방법을 이용하여 별도로 보낸 짐(이삿짐을 포함)등이 있습니까?

□ 있음 (개) □ 없음

* 「있음」을 선택한 분은 입국시에 가지고 온 물품을 B면에 기입한 후 이 신고서를 2장 세관에 제출하여 세관직원의 확인을 받아 주시기 바랍니다. (입국후 6개월이내에 수입할 물품에 한함)
세관에서 확인을 받은 신고서는 별송품을 통관할 때 필요합니다.

《주의사항》
해외 또는 일본 출국시 및 입국시에 면세점에서 구입한 물품, 다른 사람의 부탁으로 운반하는 물품 등 일본으로 반입하려고 하는 휴대품· 별송품에 대해서는 법률에 따라 세관에 신고하여 필요한 검사를 받아야 합니다. 세관에 신고하지 않거나 허위 신고하여 반입한 경우에는 처벌을 받을 경우가 있습니다.

이 신고서 기재내용은 사실과 같습니다.

서 명

중국 입국 신고서

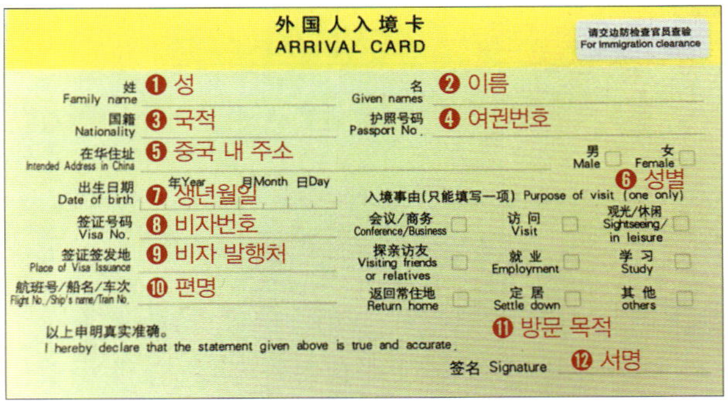

外国人入境卡
ARRIVAL CARD

请交边防检查官员查验
For Immigration clearance

姓 Family name ❶ 성
名 Given names ❷ 이름
国籍 Nationality ❸ 국적
护照号码 Passport No. ❹ 여권번호
在华住址 Intended Address in China ❺ 중국 내 주소
男 Male 女 Female ❻ 성별
出生日期 Date of birth 年Year 月Month 日Day ❼ 생년월일
入境事由(只能填写一项) Purpose of visit (one only)
签证号码 Visa No. ❽ 비자번호
会议/商务 Conference/Business
访问 Visit
观光/休闲 Sightseeing/in leisure
签证签发地 Place of Visa Issuance ❾ 비자 발행처
探亲访友 Visiting friends or relatives
就业 Employment
学习 Study
航班号/船名/车次 Flight No./Ship's name/Train No. ❿ 편명
返回常住地 Return home
定居 Settle down
其他 others
⓫ 방문 목적

以上申明真实准确。
I hereby declare that the statement given above is true and accurate.
签名 Signature ⓬ 서명

미국 세관 신고서

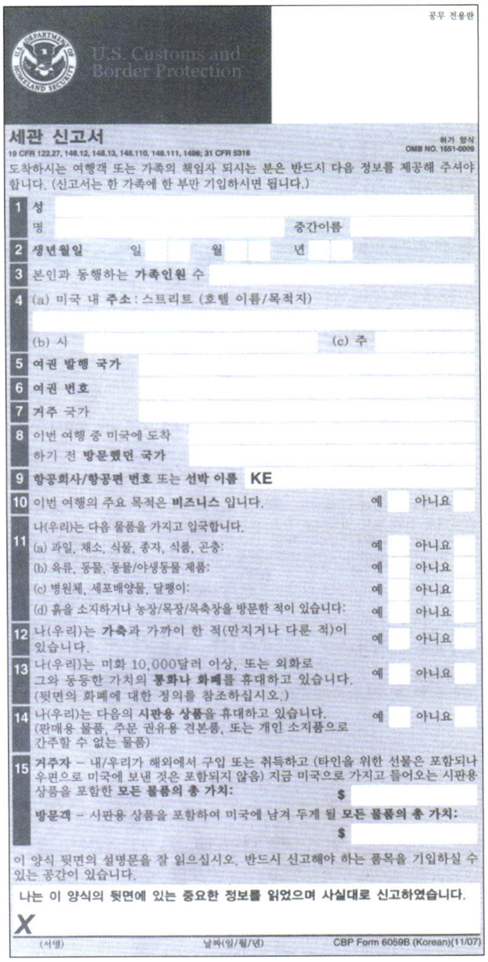

공무 전용란

U.S. Customs and Border Protection

세관 신고서

19 CFR 122.27, 148.12, 148.13, 148.110, 148.111, 1498; 31 CFR 5316

허가 양식
OMB NO. 1651-0009

도착하시는 여행객 또는 가족의 책임자 되시는 분은 반드시 다음 정보를 제공해 주셔야 합니다. (신고서는 한 가족에 한 부만 기입하시면 됩니다.)

1 성
명 중간이름
2 생년월일 일 월 년
3 본인과 동행하는 **가족인원** 수
4 (a) 미국 내 **주소**: 스트리트 (호텔 이름/목적지)
(b) 시 (c) 주
5 **여권 발행 국가**
6 **여권 번호**
7 거주 국가
8 이번 여행 중 미국에 도착 하기 전 **방문했던 국가**
9 **항공회사/항공편 번호** 또는 **선박 이름** KE
10 이번 여행의 주요 목적은 **비즈니스** 입니다. 예 아니요
11 나(우리)는 다음 물품을 가지고 입국합니다.
(a) 과일, 채소, 식물, 종자, 식품, 곤충: 예 아니요
(b) 육류, 동물, 동물/야생동물 제품: 예 아니요
(c) 병원체, 세포배양물, 달팽이: 예 아니요
(d) 흙을 소지하거나 농장/목장/목축장을 방문한 적이 있습니다: 예 아니요
12 나(우리)는 **가축**과 가까이 한 적(만지거나 다룬 적)이 있습니다. 예 아니요
13 나(우리)는 미화 10,000달러 이상, 또는 외화로 그와 동등한 가치의 **통화나 화폐**를 휴대하고 있습니다. (뒷면의 화폐에 대한 정의를 참조하십시오.) 예 아니요
14 나(우리)는 다음의 **시판용 상품**을 휴대하고 있습니다. (판매용 물품, 주문 권유용 견본품, 또는 개인 소지품으로 간주할 수 없는 물품) 예 아니요
15 **거주자** – 내/우리가 해외에서 구입 또는 취득하고 (타인을 위한 선물은 포함되나 우편으로 미국에 보낸 것은 포함되지 않음) 지금 미국으로 가지고 들어오는 시판용 상품을 포함한 **모든 물품의 총 가치:** $
방문객 – 시판용 상품을 포함하여 미국에 남겨 두게 될 **모든 물품의 총 가치:** $

이 양식 뒷면의 설명문을 잘 읽으십시오. 반드시 신고해야 하는 품목을 기입하실 수 있는 공간이 있습니다.

나는 이 양식의 뒷면에 있는 중요한 정보를 읽었으며 사실대로 신고하였습니다.

X
(서명) 날짜(일/월/년) CBP Form 6059B (Korean)(11/07)

04

특수 고객 응대

Service for Passengers with Special Needs

수행 준거

- 객실 서비스 규정에 의해 특수 고객에게 필요한 서류 작성에 협조할 수 있다.

입국서류 배포 후 입국서류 작성에 도움이 필요한 승객에게는 친절하게 안내하며 적극적으로 도움을 제공한다. 특히 담당 구역에 다음과 같은 승객이 있을 경우, 세심한 관심으로 적절한 입국서류 작성 지원 서비스를 제공할 수 있어야 한다.

1. 비동반 소아(UM: Unaccompanied Minor)

성인 동반자 없이 혼자 여행하는 어린이로 만 5세 이상부터 만 11세 이하(국내선은 만 13세 미만) 어린이 승객이다(해당 규정은 항공사마다 상이함). 담당 승무원은 이들의 입국서류 작성을 적극적으로 돕는다.

2. 노약자 승객

나이가 많아 서류 작성에 어려움을 겪는 승객의 입국서류 작성을 적극적으로 돕는다. 대한항공의 경우, 돋보기가 탑재되므로 필요시 제공한다.

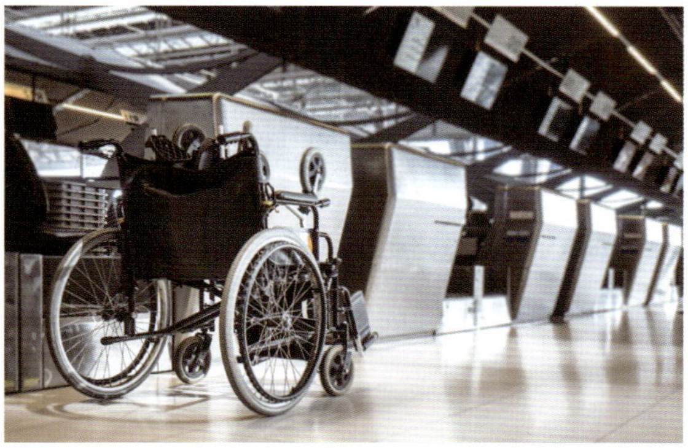

3. 유 · 소아 동반 승객

7세 미만의 유아와 소아를 동반한 승객이다. 먼저 도움이 필요한지 여부를 묻고, 서류 작성에 적극적으로 협조한다.

4. 장애를 가진 승객, 환자 승객

승객이 가진 장애의 유형이나 불편의 정도에 따라 적절한 도움을 제공하여 서류 작성을 돕는다. 과잉 친절은 오히려 승객에게 불편을 끼칠 수 있으므로 도움이 필요한지 반드시 확인한 후 돕도록 한다.

5. TWOV(Transit without Visa) 승객

무비자 통과 승객을 가리키며, 최종 목적지로 가기 위해 비자 없이 중간 기착지 국가를 경유하는 승객을 말한다.

- TWOV 승객의 입국에 필요한 여권 및 서류는 해당 비행편의 사무장이 보관하고 있다가 중간 기착지에 도착하면 지상 직원에게 인계한다.
- 중간 기착지에서 최종 목적지를 향해 항공기가 출발한 후에 객실 사무장은 보관하고 있던 서류를 TWOV 승객에게 전달한다.

잠깐! 점검해 볼까요?

01 출입국 서류의 이해

1. 입국서류의 종류를 서술하세요.

2. 여권의 종류를 서술하세요.

3. 입국서류 배포 시 승객에게 확인해야 할 사항은 무엇인가요?

02 국가별 출입국 규정 (내국인 입국 기준)

1. 국가별 출입국 규정을 서술하세요.

2. 국가별 승객에게 입국서류를 배포해 보세요.

3. 자동출입국심사란 무엇인가요?

03 입국서류 작성법

1. 입국 신고서 작성법을 서술하세요.

2. 세관 신고서 작성법을 서술하세요.

3. 검역 신고서 작성법을 서술하세요.

04 특수 고객 응대

1. 특수 고객의 종류를 서술하세요.

2. 입국서류 배포 후 입국서류 작성에 도움이 필요한 특수 고객을 서술하세요.

3. TWOV 승객에 관해 서술하세요.

기내 용품 회수하기
Collecting In-flight Items

01 기내 용품 회수 규정(Regulations on In-flight Item Collection)

02 기내 용품 상태 확인 및 보관
(Checking In-flight Item Conditions and Storage)

03 기내 용품 회수 시 승객 응대 요령
(Service for Passengers When Collecting In-flight Items)

7

01

기내 용품 회수 규정

Regulations on In-flight Item Collection

수행 준거

- 객실 서비스 규정에 의해 서비스한 기내 용품과 회수된 기내 용품의 수량을 파악할 수 있다.

기내 용품이란 기내에서 승객에게 제공하는 모든 용품을 말하며, 승객에게 제공한 후 회수하지 않는 서비스 용품(Service Item)과 재사용이 가능하여 회수해야 하는 서비스 기물로 구분할 수 있다.

1. 회수 시점

기장의 도착 안내 방송(Approaching Signal) 직후, 기내 용품을 회수한다.

2. 회수 용품의 종류

- 헤드폰
- 기내 잡지
- 화장실 용품(스킨, 로션, 칫솔 등)
- 유아용 요람(Baby Bassinet)

헤드폰 회수 방송 예문

방송문 예시

안내 말씀 드리겠습니다.
지금부터 헤드폰과 잡지를 걷겠습니다.
(일반) 그리고 사용하신 담요는 기내 비치품이니 승무원이 정리할 수 있도록 좌석 앞주머니 속에 넣어 주시기 바랍니다.
(T/S 구간) 계속해서 ＿＿＿＿＿까지 가시는 손님께서는 헤드폰과 사용하신 담요를 좌석 앞주머니 속에 보관하시기 바랍니다.
손님 여러분의 협조를 부탁드립니다.

Ladies and gentleman, we hope you have enjoyed our entertainment program.
We are approaching to the airport, our flight attendants will collect your headphone shortly.
Your cooperation is much appreciated.
Thank you.

3. 기내 용품 회수 방법

- 헤드폰은 서빙 카트(Serving Cart)를 이용하여 회수하거나, 승객 수를 고려하여 그 양이 적을 때에는 드로어(Drawer)를 이용하여 회수한다.
- 잡지꽂이에 있는 모든 잡지를 회수하고, 승객이 보고 계신 잡지는 양해를 구하여 회수하되, 계속해서 보기를 희망하는 승객에게는 무리하게 회수하지 않는다.
- 승객이 화장실을 사용 중일 경우에는 승객에게 곧 착륙 예정임을 안내하고 승객의 사용이 끝난 후에 화장실 비치 용품을 회수한다.

Serving Cart

- 유아용 요람은 안전상의 이유로 착륙 전에 회수해야 함을 보호자에게 안내하고 유아용 요람 안에 승객의 짐이 있는지 살핀 후 회수한다.

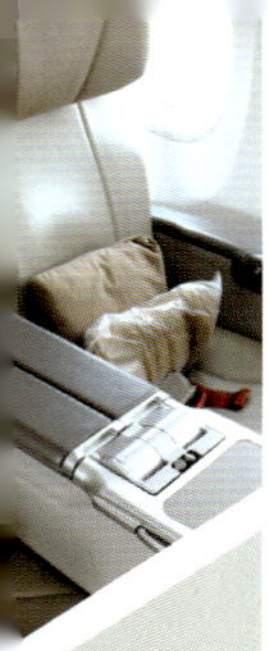

02

기내 용품 상태 확인 및 보관

Checking In-flight Item Conditions and Storage

수행 준거

- 객실 서비스 규정에 의해 회수된 기내 용품의 상태를 확인하여 상태별로 분리할 수 있다.

회수하는 모든 기내 용품은 재사용이 가능하도록 청결 상태를 유지하도록 한다.

1. 헤드폰

헤드폰은 사용한 것과 사용하지 않은 것을 분류하여 보관용 가방에 담는다. 이때 줄이 엉키지 않도록 유의하고 자신의 담당 구역 승객 수에 맞게 회수되었는지 확인한다. 또한 헤드폰을 보관용 가방에 넣을 때 한꺼번에 너무 많이 담아서 운반하기가 어렵지 않도록 주의한다.

2. 기내 잡지

기내 벽에 설치된 잡지 Rack 안에 있는 모든 기내 잡지를 회수하여 정해진 보관 가방에 담는다. 잡지의 훼손 여부를 확인하고 지나치게 훼손된 잡지는 따로 구분하여 인계하도록 한다. 승객이 보고 계신 잡지는 승객의 양해를 구한 뒤 회수한다.

3. 화장실 용품

화장실 내의 스킨, 로션, 클렌징 티슈 등은 회수하여 겉면에 묻은 이물질을 티슈로 깨끗이 닦은 후 뚜껑을 닫고, 남은 칫솔은 전량 회수하여 탑재되었던 보관장소에 보관한다. 두루마리 화장지, 티슈, 페이퍼 타월, 3oz 컵 등은 회수하지 않는다.

4. 유아용 요람

유아용 요람은 탑재되었던 장소에 보관한다.

5. 기타 물품 회수 요령

- 회수한 모든 물품은 탑재되었던 보관 장소에 보관하여, 교대팀이나 케이터링(Catering) 직원이 혼선을 빚지 않도록 한다. 이때 보관 장소의 허용 중량을 초과하여 탑재해서는 안 된다.
- 회수하는 시점에 승객에게 보관을 부탁받은 물품도 반환하도록 한다.
- 기내 용품을 회수하면서 승객 좌석 주변, 베개, 모포 등을 함께 정리한다.
- 헤드폰이나 잡지는 승객이 더 사용하기를 희망한다면 무리하게 걷지 말고, 승객 하기 후에 회수하도록 한다.
- 경우에 따라 화장실 용품은 승객 하기 후에 회수해도 무방하다.

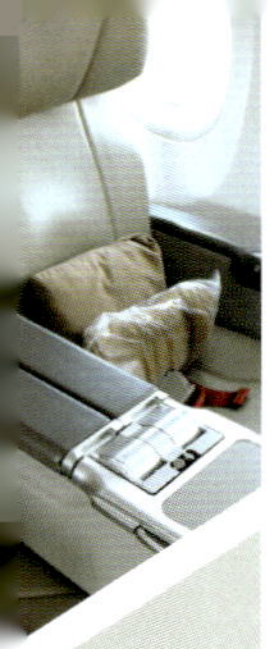

03

기내 용품 회수 시 승객 응대 요령

Service for Passengers When Collecting In-flight Items

수행 준거

- 객실 서비스 규정에 의해 서비스한 기내 용품 소지 승객에 대해 회수를 안내할 수 있다.

기내 용품을 회수할 때의 승무원 자세는 서비스 용품을 승객에게 제공할 때의 자세 못지않게 중요하다. 사용하던 것을 거둬 가는 행위 자체가 자칫 잘못하면 무례하게 느껴질 수 있기 때문이다. 착륙 준비를 위해 회수해야 함을 정중히 안내하고 Eye Contact(눈맞춤)와 함께 회수하도록 한다.

1. 회수 안내

- 바른 자세와 밝은 표정으로 승객에게 항공기의 착륙이 얼마 남지 않았음을 알리고 기내 용품 회수에 대해 설명한다.
- 승객이 잡지 등의 독서물을 읽고 있다면 무리하게 회수하지 말고 하기 시 좌석 주머니(Seat Pocket)에 두거나 잡지꽂이에 꽂아 주기를 정중히 부탁한다.
- 회수를 거부하는 승객에게는 항공기의 착륙 준비를 위해 회수하여 보관해야 한다는 것을 예의 바르고 신뢰감 있는 태도로 전달한다.
- 유아용 요람(Baby Bassinet)을 회수할 때에는 유용하게 사용했는지 여부를 물어 관심을 표하면서 착륙 준비를 위해 회수해야 한다는 사실을 알린다.
- 표준어, 높임말, 정중한 표현 등을 사용하여 공손하게 회수에 대해 안내한다.

2. 회수 자세

- 비언어적 요소는 승객과의 대화에 큰 영향을 미치므로 기내 용품 회수 시 자세나 표정을 밝고 친절하게 한다.
- 승객이 건네주는 헤드폰이나 잡지 등을 한 손으로 받지 않는다.
- 기내 용품을 회수할 때에는 승객과 눈을 맞추며(Eye Contact) "감사합니다"라고 인사한다.
- 서빙 카트(Serving Cart)를 이용하여 기내 용품을 회수할 때에는 카트에 기대거나 카트를 발로 밀지 않는다.

출처: NCS 학습모듈(http://www.ncs.go.kr)

잠깐! 점검해 볼까요?

01

기내 용품 회수 규정

1. 기내 용품 회수 시점은 언제인가요?

2. 회수해야 하는 기내 용품의 종류는 무엇인가요?

3. 헤드폰 회수를 실습해 보세요.

02

기내 용품 상태 확인 및 보관

1. 헤드폰의 회수 및 보관방법을 서술하세요.

2. 기내 잡지의 회수 및 보관방법을 서술하세요.

3. 화장실 용품 회수 및 보관방법을 서술하세요.

03

기내 용품 회수 시 승객 응대 요령

1. 독서물을 읽고 계신 승객을 응대해 보세요.

2. 유아용 요람을 사용 중인 승객을 응대해 보세요.

3. 회수 시 올바른 자세에 관해 서술하세요.

기내 서비스 용품 및 면세품 재고 확인하기
Checking the Inventory of In-flight and Duty-free Items

01 기내 서비스 용품 재고 확인(Checking the Inventory of In-flight Items)
02 면세품 재고 확인(Checking the Inventory of Duty-free Items)

8

01

기내 서비스 용품 재고 확인

Checking the Inventory of In-flight Items

수행 준거

- 객실 서비스 규정에 따라 서비스 종료 후 서비스 용품 재고를 확인할 수 있다.
- 객실 서비스 규정에 따라 하기 시 필요한 조치사항과 교대팀에게 필요한 전달사항을 기록할 수 있다.

서비스 종료 후, 사용한 기내 서비스 용품은 정리하여 재고를 확인한다. 기내 서비스 용품이란 승객에게 일차적으로 서비스되는 물품으로 기내식 및 음료를 포함하여 승객에게 서비스되는 소모품을 뜻한다.

소모품은 비닐장갑/머들러(Muddler)/컵받침(Coaster)/냅킨/유아용품(기저귀, 우유병)/화장실 용품(화장품류, 빗, 일회용 면도기, 면도 크림, 비누 등)/객실 및 화장실용 스프레이/여성용 생리대/볼펜/이쑤시개/일회용 칫솔/종이컵/플라스틱 컵/일회용 설탕/일회용 크림/Coffee Pack/각종 태그(Tag), 가니시(Garnish)류, 소스(Sauce)류, 독서물 등이다.

Out Bound[1] 비행인 경우 각종 주류 및 소모품의 재고를 확인하여 교대팀에게 알려 주면, 교대팀은 In Bound 비행에 필요한 물품을 확인하기가 수월할 수 있다.

---

1 Out Bound는 한국을 기준으로 해외로 떠나는 비행편. In Bound는 해외에서 한국으로 들어오는 비행편을 의미한다.

재고 확인 요령 및 절차

- 각종 주류(위스키, 와인, 맥주, 샴페인, 진, 보드카, 코냑, 리큐어 등)의 잔량을 파악하여 주류 재고 확인서(Liquor List)에 기재한다.
- 각종 음료수와 소모품은 잔량을 확인하여 소모품 재고 확인서(Dry Item Inventory List)에 기재한다.
- In Bound 비행에서는 기내 서비스 용품의 재고를 확인할 필요가 없다.
- 재고 확인은 모든 기내 서비스를 마친 후에 실시하여 교대팀이 신뢰할 수 있도록 정확을 기한다.
- Liquor List는 미국과 영국에 들어가는 노선에서 작성하며, 총 4부가 1Set이다. 1부는 Liquor Cart 안에 두고, 3부는 사무장에게 제출한다.
- Dry Item Inventory List는 작성하여 사무장에게 제출한다.

IN-FLT SERVICE LIQUOR LIST

(FR ☐, PR ☐, EY ☐)

ARV. FLT. NO. & DATE: KE ________ A/C NO.: HL ________ DEP. FLT. NO. & DATE: KE ________

MERCHANDISE		CLASS	LOADED	LEFT OVER	SEAL NO.
WHISKEY	: CANADIAN CLUB 375ML	FR, EY			A 1.
	: GLENFIDDICH 500ML	FR			2.
	: JACK DANIEL 375ML	FR			3.
	: JWALKER BLUE	FR			4.
	: BALLANTINES 17YRS	PR			U/D 1.
	: CHIVAS REGAL 18YRS	PR			2.
	: GRANTS 500ML	EY			3.
	: JIM MEAM WHITE 500ML	EY			4.
	: JWALKER BLACK 500ML	EY			B 1.
					2.
RUM	: BARCARDI RUM 375ML	FR, PR			3.
GIN	: BEEFEATER GIN 500ML	FR, PR, EY			4.
VODKA	: STOLICHNAYA VODKA	FR, PR, EY			C 1.
					2.
LIQUEUR	: BAILEYS IRISH CREAM	FR, PR			3.
	: CAMPARI BITTER 5THS	FR, PR			4.
	: COINTREAU	FR, PR			5.
	: CRÈME DE CASSIS 350ML	FR, PR			6.
	: CRÈME DE MENTHE 375ML	FR, PR			7.
	: PORT WINE SANDEMAN	FR, PR			8.
	: TIO PEPEP SHERY 375ML	FR, PR			D 1.
	: VERMOUTH DRY - WHITE	FR, PR			2.
	: COGNAC X.O.	FR, PR			3.
	: COGNAC V.X.O.P.	EY			4.
					5.
JEONTONGJU	: BAEG HA JU	FR			6.
	: SAN SA CHUN 375ML	FR			7.
					8.
CHAMPAGNE	: DOM PERIGNON	FR			E 1.
	: DOM RUINART 93	FR			2.
	: GRUG GRAND CUVEE	FR			3.
	: NICOLAS FEUILLATTE	PR			4.
					5.
RED WINE	: CALIFORNIA	FR			6.
	: FRENCH	FR			7.
	: OTHER	FR			8.
	: CALIFORNIA	PR			
	: FRENCH	PR			
	: OTHER	PR			
	: CALIFORNIA	EY			REPLACED SEAL NO.
	: FRENCH	EY			
	: OTHER	EY			
WHITE WINE	: CALIFORNIA	FR			
	: FRENCH	FR			
	: OTHER	FR			
	: CALIFORNIA	PR			
	: FRENCH	PR			
	: OTHER	PR			
	: CALIFORNIA	EY			
	: FRENCH	EY			
	: OTHER	EY			
					DELIVERED BY
BEER	:				RECEIVED BY

( ) CUSTOMS INSPECTOR'S

DATE: ________ HAND OVER BY ________ TAKEN OVER BY ________

Liquor List

DRY ITEMS INVENTORY LIST						TEAM장	
						작성자	
DATE	200 . . .	ARR FLT NO.	KE	STN		RSVN STATUS	

ITEM \ LEFT OVER		UNIT	FR/CL	PR/CL	EY/CL		TTL	ADDED
JUICE	ORAGE JUICE	CAN			FWD	AFT		
	PINE JUICE	CAN						
	TOMATO JUICE	CAN						
	GUAVA JUICE	CAN						
SOFT DRINK	COKE	CAN						
	DIET COKE	CAN						
	7UP	CAN						
	DIET 7UP	CAN						
	SODA WATER	CAN						
	TONIC WATER	CAN						
	GINGERALE	CAN						
TEA & COFFEE	COFFEE	PACK						
	DECAFFINATED COFFEE	PACK						
	BLACK TEA (LIPTON)	PACK						
	GREEN TEA	PACK						
	SUGAR	PACK						
	CREAM	PACK						
CUP	PLASTIC CUP	EA						
	PAPER CUP	EA						
ALCHOL BEV.	BEER	CAN						
	WHISKY	BTL						
	WHITE WINE (EY)	BTL						
	RED WINE (EY)	BTL						
	WHITE WINE (DRY)	BTL						
	WHITE WINE (SEMI DRY)	BTL						
	RED WINE (BORDEAUX)	BTL						
	RED WINE (BURGUNDY)	BTL						
LAV. ITEMS	ROLL PAPER	EA						
	PLEENEX	EA						
	HAND PAPER TOWEL	EA						
	SOAP	EA						
OTHERS	MINERAL WATER	BTL						
	COCKTAIL NAPKIN	PACK						
	RAMEN	EA						
	DISPOSABLE TOWEL	EA						
	PEANUTS	EA						
	TOOTH BRUSH	EA						
	SHOPPING BAG	EA						

※ DRY ITEMS INVENTORY LIST 작성시 유의사항

1. INVENTORY 작업은 반드시 도착직전에 실시하고, 교대팀이 신뢰할 수 있도록 정확을 기할 것.
2. FR/CL, PR/CL, EY/CL 공히 LIST에 의거 INVENTORY 실시할 것.
3. 아리랑 CART내의 전 ITEM도 INVENTORY에 포함할 것.

Dry Item Inventory List

02

면세품 재고 확인

Checking the Inventory of Duty-free Items

수행 준거

- 객실 서비스 규정에 따라, 기내 판매 업무를 종료하고, 면세품 재고를 확인할 수 있다.
- 객실 서비스 규정에 따라, 면세품에 대한 상태를 확인하여, 필요 조치를 취할 수 있다.

1. 면세품 판매 종료

기내 면세품은 안전한 착륙 준비를 위해 기장의 도착 안내 방송(Approaching Signal)이 나오면 판매를 종료한다. 면세품 판매 종료를 알리는 방송을 실시하고, 항공기 기종별로 기내 판매품을 전시했던 경우에는 수거하여 지정된 장소에 보관한다.

기내 판매 종료 방송 예문

방송문 예시

안내 말씀 드리겠습니다.
착륙 준비를 위해 기내 판매를 마치겠습니다.
구매하지 못한 분께서는 양해해 주시기 바랍니다.
감사합니다.

비행 중 수면 등의 이유로 면세품을 구입하지 못한 승객들이 종료 시점 이후에 구입하고자 하는 것을 방지하기 위해, 승무원은 비행 중 지속적으로 담당 구역의 승객들에게 면세품 구매 의사를 확인하도록 한다. 이때 승객에게 면세품 구입을 강요하는 것과 같은 인상을 주어서는 안 된다.

2. 면세품 재고 확인

기내 면세품 판매를 마치면 담당 승무원은 판매금액의 총액을 세어 보고, POS를 통해 판매된 물품의 종류와 개수, 잔량을 확인한다. POS상의 기록과 실제 물품의 상황이 서로 일치해야 하며, 실제 물품의 잔량을 확인하고 POS상의 면세품 재고와 판매금액 합계가 서로 맞는지 확인하는 절차를 인벤토리(Inventory)라고 한다.

- 판매금액을 세어 봄
- POS로 면세품의 잔량을 확인함
- 실제 판매한 면세품의 잔량을 확인함
- 판매금액과 판매한 면세품의 잔량이 서로 맞는지 확인함
- POS로 인수인계서를 출력함

면세품은 주류, 담배, 화장품 등 품목별로 재고를 확인하고 원래의 탑재 위치에 정리하며, 면세품의 재고는 판매대금과 관련되므로 매우 세심하고 꼼꼼하게 확인해야 한다. 면세품의 재고를 확인할 때에는 각별히 주의를 기울여 유실물이 발생하지 않도록 해야 한다.

판매한 면세품의 잔량과 판매금액이 서로 일치할 경우, 인수인계서를 출력하여 다음 팀/Out Bound나 수납창구(은행)/In Bound에 인계하면 면세품 판매 업무가 종료된다.

잠깐! 점검해 볼까요?

01

기내 서비스 용품 재고 확인

1. 기내 서비스 후 재고를 확인해야 할 용품을 서술하세요.

2. 소모품 재고를 확인하여 작성하는 서류는 무엇인가요?

3. 주류 재고를 확인하여 작성하는 서류는 무엇인가요?

02

면세품 재고 확인

1. 면세품 판매의 종료 시점은 언제인가요?

2. 면세품 재고를 확인하는 절차를 서술하세요.

3. 면세품 재고 확인 후 원래 탑재 위치에 정리해 보세요.

Amsterdam
Berlin
Warsaw
Frankfurt
Nuremberg
Katowice
Basel
Munich
Linz
Budapest
Geneva
Milan
Pula
Zagreb
Bucharest
Marseille
Burgas
Rome
Bari
Sophia
Istanbul
Alghero
Lamezia
Corfu
Cagliari
Athens
Izmir
Catania
Tunis
Antalya
Kos
Heraklion
Malta

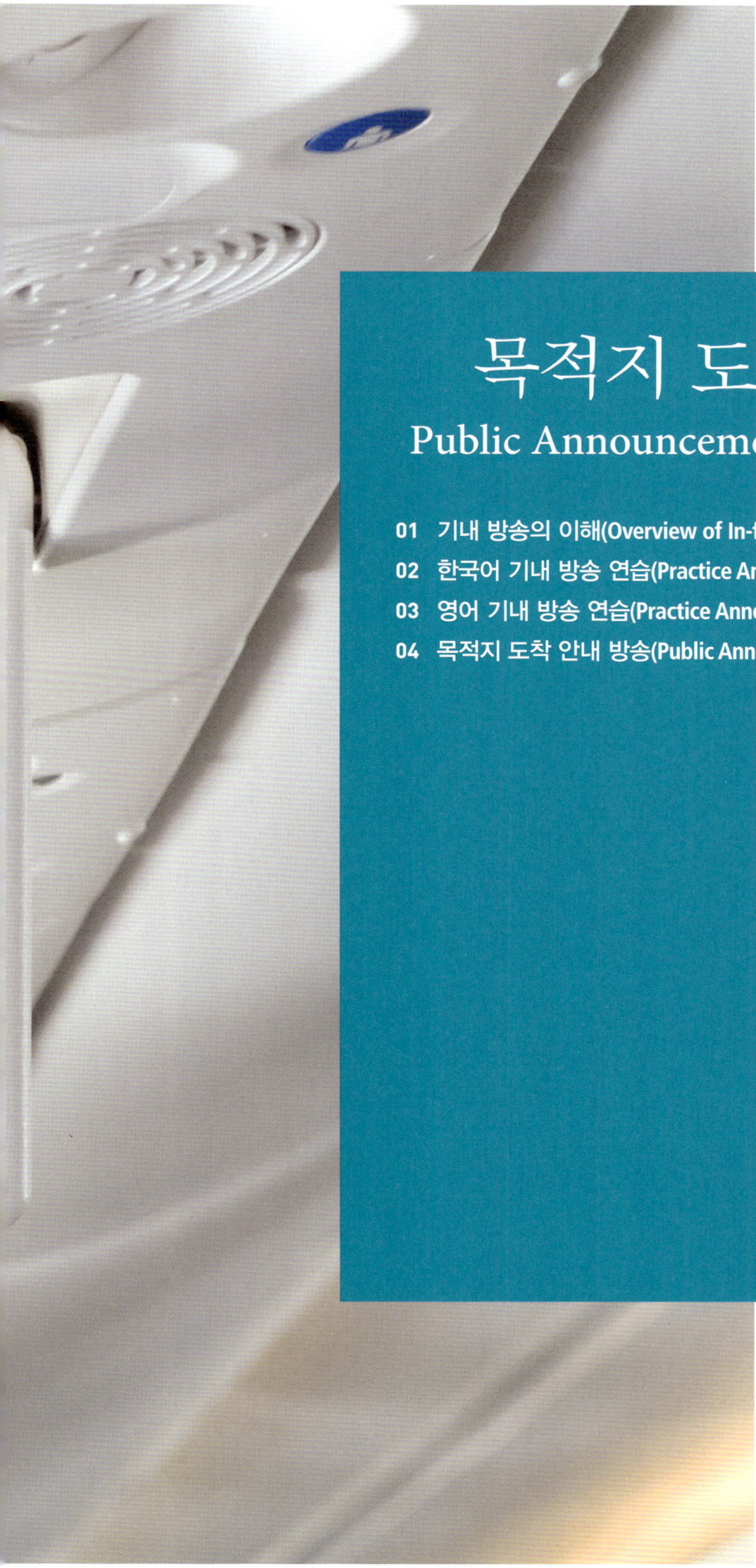

목적지 도착 안내 방송
Public Announcement to Inform Arrival

9

01

기내 방송의 이해

Overview of In-flight Announcement

수행 준거

- 객실 서비스 규정에 따라 방송에 필요한 정보를 파악할 수 있다.

1. 기내 방송 개요

1) 기내 방송

기내 방송(PA: Public Address, Passenger Announcement)은 승객에게 비행 중 여행에 필요한 정보를 전달하는 서비스로서의 기능을 제공하는 한편, 비행 안전사항에 대해서는 승객을 효율적으로 통제함으로써 승객의 안락하고 안전한 여행을 보장하기 위해 실시한다.

또한 비정상 상황 발생 시 효과적인 정보 전달 수단으로 활용하며, 상황과 여건에 따라 신속한 상황 판단 및 대처능력을 발휘하여 정확하고 적절한 방송을 실시함으로써 승객의 불안감이나 항공기 비정상 상황에 대한 궁금증을 해소하고, 승객의 알고자 하는 욕구를 충족하기 위한 것이다.

2) 기내 방송의 자격

기내 방송은 해당 항공사에서 실시하는 기내 방송 자격시험에 응시하여 방송 자격을 취득한 사람만이 실시할 수 있다. 항공사마다 규정은 다르지만 보통은 해당 비행편의 최상위 자격 승무원이 담당하게 되며, 방송 사고에 대한 일차적 책임이 방송을 실시한 담당 승무원에게 있으므로 방송 담당 승무원은 책임감을 가지고 기내 방송이 잘 진행될 수 있도록 평소 꾸준히 연습해야 한다.

3) 기내 방송의 종류

기내 방송의 종류로는 운항 승무원 방송과 객실 승무원이 직접 본인의 음성으로 실시하는 기내 방송과 사전에 녹음된 상태로 기내에 장착되어 필요시 사용할 수 있는 Pre-recorded Announcement가 있다. 객실 승무원의 방송은 정규 방송과 비정상 상황 시 방송으로 구분되며 다시 정규 방송은 사무장 방송과 방송 담당자 방송(일반 방송)으로 구분된다.

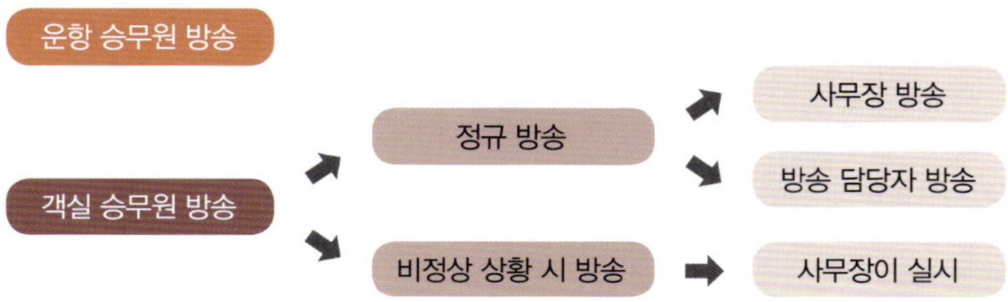

4) 기내 방송의 우선순위

방송의 중요도에 따라 승객에게 노출되는 기내 방송의 우선순위가 정해져 있다. 이는 기내 설비 시스템에 따라 자동으로 통제된다. 우선순위는 조종실 PA → 객실 PA → PRAM(Pre-recorded Announcement) → 비디오/오디오 시스템 → 보딩 뮤직 순이다. 예를 들어 객실에서 방송을 하고 있더라도, 기장이 조종실에서 방송을 실시한다면 객실 방송이 중단되고 객실에는 기장 방송만 들리게 된다.

2. 방송 시 유의사항

- 자연스러운 방송이 될 수 있도록 담당 객실 승무원은 발음, 억양, 톤, 속도, 음량에 유의해야 하며 방송문을 잘 이해하고 암기하여 잘 읽을 수 있도록 한다.
- 기내 방송도 서비스의 일부임을 인식하고 전 노선의 모든 방송을 성심성의껏 방송한다.

- 필요한 경우 방송 Manual에 수록된 방송 문안을 기본으로 활용하여 적절한 방송을 실시한다. 그러나 지나치게 장황한 느낌을 주거나 예의에 벗어난 단어의 선택, 어색한 문구는 피한다.
- 기종별로 방송 시스템과 마이크 감도와 음량이 다르므로 PA는 Pre-flight 점검 시 반드시 'PA Test' 방송을 실시하여 Volume이나 잡음 발생 등을 미리 점검하며, 이륙 후에도 PA 상태를 수시로 점검하여 안정적인 방송이 되도록 한다.
- 방송 전담 승무원이 아닌 승무원들도 매 기내 방송 시 모니터링을 하여 음량이 크거나 작아서 조치가 필요한 경우 혹은 기내 방송 내용을 잘못 전달한 경우에 방송 담당자에게 신속히 전달하여 정정 방송이 나갈 수 있도록 협조한다.

모니터링 기내 방송 예문

방송문 예시

승무원 여러분,
기내 방송 상태를 점검하기 위한 PA 모니터링 방송입니다.
이 비행기는 ○○○○○까지 가는 / ○○항공 ○○편입니다.
감사합니다.
모니터링 결과를 알려 주시기 바랍니다.

Ladies and gentlemen,
captain [family name] and the entire crew,
flight time/ is/ thirteen minutes/ after take off
our cabin crew will be happy to serve you in any way we can.

- 마이크와 입술의 거리는 2cm 내외로 하고 송화기에 입술 정면이 오도록 하여 파열음이 나지 않도록 유의하며, 음량 및 명료도가 좋은 상태가 되도록 유지한다.
- 밝게 미소 띤 표정으로 방송해야 밝고 기분 좋은 음성을 연출할 수 있으며, 발음은 정확하게, 특히 띄어 읽기와 강조해 읽기 부분을 구분하여 방송한다.
- 적당한 Pause(휴지기)를 유지하며 동일한 억양이 반복되지 않도록 어미에 변

화를 주어 방송하되 지나친 멋 부리기 식의 독특한 억양이 되지 않도록 주의한다.

- 외국어 방송은 더욱 또박또박 차분히 방송하여 의미가 잘 전달되도록 한다.
- 일반 방송은 친근하고 여유 있게 방송하고, 안전 관련 방송은 단호하면서도 정중한 느낌이 들도록 연출한다.
- 기내 상황에 대한 이해 및 판단 능력이 필요하며 적절한 상황에 필요한 방송을 즉시 실시할 수 있도록 방송문의 구성을 숙지하고 있어야 한다.

3. 노선별 방송 언어 순서

노선	기내 방송 언어 순서
국내선	한국어 → 영어
한일 노선	한국어 → 영어 → 일본어
한중 노선	한국어 → 영어 → 중국어
미주 노선, 동남아 노선 및 기타 노선	한국어 → 영어 → 현지어

4. 편수 읽기

1) 한국어

숫자를 한 자리 단위로 끊어서 읽으며 '0'은 '공'으로 읽는다.

예시) 234편: 이삼사편(○), 이백삼십사편(×)
605편: 육공오편(○), 육백오편(×)
001편: 공공일편(○), 영영일편(×)

2) 영어

한국어와 마찬가지로 숫자를 한 자리 단위로 끊어 읽으며 '0'은 'zero'로 읽는다. 단, '0'이 중간에 있는 편수는 0을 'ou'로 읽어도 무방하다.

예시) 234편: two three four(○), two hundred thirty four(×)
605편: six zero five(○), six hundred five(×)
001편: zero zero one(○), ou ou one(×)

5. 시각 읽기

- 시간과 분을 구분하여 읽는다.
- 30분, 15분, 45분을 a half, a quarter past 등으로 읽지 않는다.
- 12시 단위로 표현한다(24시 단위로 표현하지 않음).
- 12시를 제외한 매시 정각은 o'clock을 넣어 읽는다.
- 1분부터 9분까지는 반드시 'O[ou]'를 넣어 읽는다.

시간	읽는 법
낮 12 : 00	twelve noon
낮 12 : 05	twelve o five p.m.
밤 12 : 00	twelve midnight
밤 12 : 03	twelve o three a.m.
오후 06 : 00	six o'clock p.m.
오전 02 : 00	two o'clock a.m.
오전 03 : 08	three o eight a.m.
오후 15 : 25	three twenty-five p.m.

6. 공항명 읽기

국제선+국내선은 모두 '지역명+공항 공식 명칭' 순으로 표현하며, 단 '인천'과 같이 지역명이 중복되는 경우에는 '인천국제공항'으로 표현한다.

지역명	공항명	읽는 법(한국어)	읽는 법(영어)	비고
인천	인천국제공항	인천국제공항	Incheon International Airport	지역명과 공항명 중복
제주	제주국제공항	제주국제공항	Cheju International Airport	지역명과 공항명 중복
나리타 (일본)	나리타 국제공항	도쿄 나리타 국제공항	Tokyo Narita International Airport	지역명 + 공항명

로스앤젤레스 (미국)	로스앤젤레스 국제공항	로스앤젤레스 국제공항	Los Angeles International Airport	지역명과 공항명 중복
시카고 (미국)	오헤어 국제공항	시카고 오헤어 국제공항	Chicago O'hare International Airport	지역명 + 공항명
싱가포르	창이국제공항	싱가포르 창이 국제공항	Singapore Changi International Airport	지역명 + 공항명
런던(영국)	히드로 국제공항	런던 히드로 국제공항	London Heathrow International Airport	지역명 + 공항명

7. 핸드셋(PA) 사용법

1) 에어버스사의 항공기 PA 사용법

- 핸드셋을 꺼낸다.
- PTT 버튼을 누른 채로 방송을 실시한다.
- 리셋하려면 Reset 버튼을 누르거나 원위치에 넣는다.

에어버스 기종 핸드셋

Zone별 PA 사용법

- PA + 1 + PTT: ZONE 1(F/R CL)에서만 PA 가능
- PA + 2 + PTT: ZONE 2(P/R CL)에서만 PA 가능
- PA + 3 + PTT: E/Y에서만 PA 가능
- PA + ALL + PTT: 모든 Zone에서 PA 가능
- PTT: 모든 Zone에서 PA 가능

2) 보잉사의 항공기 PA 사용법

- 핸드셋을 꺼낸다.
- 해당 PA 번호를 누른다(B737 기종: 8번, B747 기종과 B777 기종: 46번).

보잉 737 기종 핸드셋

- 핸드셋 하단의 PTT(Push to Talk) 버튼을 누른 채로 방송을 실시한다.
- 리셋하려면 Reset 버튼을 누르거나 원위치에 넣는다.

02

한국어 기내 방송 연습
Practice Announcement in Korean

수행 준거

- 객실 서비스 규정에 따라 목적지 도착 안내 방송에 필요한 언어를 구사할 수 있다.
- 객실 서비스 규정에 따라 목적지 도착 안내 방송에 필요한 표준어 사용을 할 수 있다.

1. 발음

발음을 분명하고 정확하게 하기 위해서는 혀와 입술, 턱의 움직임이 부드러워야 한다. 즉 입술, 치아, 잇몸, 혀, 입천장 등의 조음기관 또는 음성기관이 발음을 하는 데 중요한 역할을 하기 때문이다. 한국어 기내 방송을 잘 하기 위해서는 정확한 발음, 억양과 악센트, 띄어 읽기, 목소리 크기, 말하는 속도를 유의한다.

1) 올바른 발음

좌석 → 자석(×)	기류 변화 → 기루 변하(×)	화장실 → 하장실(×)
확인 → 학인(×)	최선 → 채선(×)	휴대전화 → 휴대저나(×)
보관 → 보간(×)	변화 → 변하(×)	전원 → 전언(×)
제공되는 → 제공대는(×)	죄송 → 재송(×)	지정된 → 지정댄(×)

2) '의' 발음

'의'가 맨 앞에 오는 경우 → '으이'로 발음	의사, 의리, 의문, 의자, 의심, 의논
'의'가 단어의 중간이나 맨 끝에 위치할 때 → '이'로 발음	협의, 문의사항, 회의, 편의점, 주의사항, 유의하시기, 문의, 강의
'의'가 단어와 단어 사이에 조사로 위치할 때 → '에'로 발음	승무원의 안내, 선반 위의, 승객 여러분의 탑승, 비행기의, 전염병의, 세관의, 검역 기관의

3) 장음

보:관	언:제든지	전:자제:품	품:질
사:용	계:속해서	면:세품	항:공법
감:사합니다	유:의해 주십시오	좌:석 벨트를 매:주시고	오:전, 오:후
세:관 신고서	금:연이오니	최:선	전:원
여:실 때에는	이:용	조:심	예:정하고 있으며

4) 연음

검역 → 거멱	앉아 → 안자
열어 두시기 → 여러 두시기	부득이 → 부드기
착용해 주시고 → 차굥해 주시고	넋이 → 넉씨
밭에 → 바테	반입 → 바닙
없어 → 업써	값을 → 갑쓸

2. 억양과 악센트

기내 방송을 좀 더 편안하고 듣기 좋게 하기 위해서는 억양과 강세가 자연스러우면서도 리드미컬해야 한다. 그러기 위해서는 어미를 자연스럽게 변화시킬 수 있는 스킬이 필요하다.

방송문 예시

손님 여러분, (↗) 또는 (↘)
이 비행기는(→) 런던까지 가는(↗) 별님항공(→) 123편입니다.(↘)

모든 어미를 올리거나 모든 어미를 내리는 등의 반복적인 억양은 듣는 이에게 지루함과 딱딱한 느낌을 줄 수 있으므로 자연스럽게 들리도록 어미를 연출하는 연습을 한다. 특히 '~다'로 끝나는 종결어미는 유성음을 내면서 살짝 내려놓는 듯한 부드러운 하강 억양으로 안정감 있게 마무리한다.

강조해야 하는 부분(공항명, 편수 등의 정보)에서는 조금 더 강세를 두어 또박또박 천천히 읽음으로써 전달력을 높인다.

3. 크기와 속도

앞서 언급한 바와 같이 기내 방송에 앞서 마이크의 음량 테스트는 필수이다. 기내 방송은 승객에게 정확한 정보를 전달하는 것을 목적으로 하기 때문에, 아무리 훌륭한 방송이더라도 듣기 불편할 정도로 볼륨이 크거나 잘 들리지 않을 정도로 볼륨이 작다면 좋은 방송이라고 할 수 없다.

또한 방송의 속도가 너무 빠른 경우에는 알아듣기 어려울 뿐 아니라 긴장한 듯한 느낌을 줄 수 있고, 반대로 성의 없는 방송으로 느껴질 수 있다. 반면에 지나치게 느린 방송은 무기력하고 지루한 느낌을 주어 다소 답답한 방송이 될 수 있으므로 적절한 속도를 유지하도록 해야 한다.

03

영어 기내 방송 연습

Practice Announcement in English

수행 준거

- 객실 서비스 규정에 따라 목적지 도착 안내 방송에 필요한 언어를 구사할 수 있다.

외국인을 대상으로 하는 방송이므로 혀를 지나치게 굴려 부자연스럽게 발음하기보다는 천천히 정확한 발음과 악센트를 구사하는 것이 좋다. 특히 'R'과 'L', 'B'와 'V', 'P'와 'F' 그리고 'TH' 발음에 유의하여 방송한다.

1. 발음

1) 'R'과 'L'

'R'은 혀가 입천장에 닿지 않도록 입천장의 뒤쪽으로 말듯이 발음한다.

recommend, during, refer, turbulence, refrain, right, remain, cooperation, morning, crew, recheck, return, remind, restrictions, ready, area, arrival, approaching, aircraft

'L'은 단어의 맨 앞에 있을 경우 혀끝이 윗니에 닿게 하고, 'L'이 뒤에 오는 경우에는 혀끝이 윗니 뒤쪽 윗잇몸에 닿지 않은 상태로 발음한다.

ladies, landing, liquid, flight, please, leave, meal, until, all, call, gel, close, located, limited

2) 'B'와 'V'

'V'는 윗니를 아랫입술에 대고 바람을 세게 내보낼 때 나는 소리이다.

video, arrival, overhead bins, have, lavatories, prevent, provide, devices, life vest, cover

3) 'P'와 'F'

'P'는 윗입술과 아랫입술을 붙여서 안쪽으로 약간 힘을 준 후 다시 입술을 열면서 숨을 내보내 소리 낸다.

please, open, hope, pull, push, put, passenger, position, preperation, pocket, point, appreciated

'F'는 윗니로 아랫입술을 살짝 물고 숨을 불어 내며 소리 낸다.

flight, fastened, life vest, information, features, aircraft, few, for, after, refer, offering, comfort, refrain, safety

4) 'TH'

'TH'는 두 가지 소리로 발음되는데, 무성음인 [θ]와 유성음인 [ð]이다.

[θ]는 혀를 윗니와 아랫니 사이에 두어 혀끝이 밖으로 살짝 나오도록 하고, 숨을 내보내며 드~ 하는 동시에 혀를 안쪽으로 놓으며 발음한다.

thank you, mouth, third, though, month

[ð]는 혀를 윗니와 아랫니 사이에 두어 혀끝이 입술 밖으로 나오게 한 후, 윗니와 혀 사이로 호흡이 빠져나오는 순간 혀를 안쪽으로 넣으면서 성대에 진동을 주어 드~ 하며 떨리는 음으로 발음한다.

the, this/that, with, there, other

2. 연음

두 단어가 나란히 있을 때 앞 단어의 끝과 뒤 단어의 첫 마디에서 두 자음이 만나면 앞 자음이 생략되고 뒤 자음 하나만 발음한다.

두 단어가 나란히 있을 때 앞 단어의 끝이 자음이고, 뒤 단어의 첫 마디가 모음인 경우에는 연결해서 발음한다.

자음+자음	자음+모음
must⌒be	fill⌒out
next⌒time	take⌒your
ask⌒you	keep⌒your
seat⌒belt	with⌒us
proceed⌒to	in front⌒of
bus⌒stop	turn⌒off
with⌒the aircraft	take⌒off
please⌒stow	assist⌒you
required⌒to	ask⌒you

04

목적지 도착 안내 방송
Public Announcement to Inform Arrival

수행 준거

- 객실 서비스 규정에 따라 방송에 필요한 정보를 파악할 수 있다.

1. 기내 방송 절차

기내 방송은 운항 절차 및 서비스 진행에 따라 실시하게 된다. 방송 담당 승무원은 해당 방송이 적시에 실시될 수 있도록 해야 한다.

비행 절차	방송 절차
이륙 전	• Preparation for Departure(출발 전 준비 방송) • Welcome(환영 방송) • Safety Demonstration(안전 데모 방송)
이륙	• Take Off(이륙 안내 방송)
정상고도 시작	• Seatbelt Sign Off(상시 좌석벨트 착용 안내 방송)
비행 중	• Turbulence(난기류 방송) • Entry Documents(입국서류 방송) • In Flight Sales(면세품 판매 안내 방송) • Station Regulations(도착지 정보 안내 방송)
하강	• Documentation(입국 관련 서류 작성 여부 확인 및 목적지별 필요사항 방송) • Headphone Collection(헤드폰 회수 방송) • Approaching(착륙 안내 방송) • Transit Procedure(통과 승객 안내 방송) • Landing(착륙 직전 안내 방송)
착륙 후	• Farewell(하기 방송)

2. 도착 안내 방송 예문

1) 기장 도착 안내 방송(도착 40분 전에 실시)

방송문 예시

손님 여러분, 저는 ○○○ 기장입니다.
손님 여러분께, 도착지 정보를 말씀 드리겠습니다.
우리 비행기는 약 ○○분 후에 ○○ 공항에 착륙할 예정입니다.
현재 ○○ 공항의 날씨는 맑고, 기온은 섭씨 ○○도입니다.
지금 이곳의 시간은 ○월 ○일 ○요일 오전/오후 ○시입니다.
감사합니다.

Good Morning(Afternoon/Evening), ladies and gentlemen.
This is captain ○○ speaking.
We will be landing at ○○ airport in about ○○ minutes.
Current weather conditions at ○○ airport is ○○, temperature is ○○ degrees celsius and today's date is ○○.
Thank you.

2) Arrival Information: Korea(기장 방송에 이어서 방송)

방송문 예시

안내 말씀 드리겠습니다.

[중/장거리 노선] 지금부터 헤드폰과 잡지를 걷겠습니다.

대 : 한민국에 입국하시는 손님 여러분께서는/ 입국에 필요한 휴대품 신고서를
[대안×] [입꾹]
다 쓰셨는지 확인해 주십시오.
[학인×]

그리고 미화 만 불 이상/ 또는 이에 해당하는 외화를 지니셨거나/ 미화 400불 이상의 물품을 구입하신 분은/ 그 내용을 휴대품 신고서에 반드시 신고해 주시기 바랍니다.

여행자 휴대품은/ 세금 사후 납부제도를 이 : 용하실 수 있으며,/ 신고대상 품목을
[여앵자×]
자진 신고하지 않은 경우/ 가산세가 부과됨을 알려드립니다.
[부가×]

[필요한 경우] 참고로 이곳은 현재 ○월 ○일이며, 이 비행기는 ○○○편입니다.

Ladies and gentlemen.

[중/장거리 노선] We will now collect headphones and magazines.

All passengers entering Korea/ are requested to have⌒your entry documents ready./
[뤼쿠에스팃]

If⌒you are carrying foreign currency/ more than 10,000 US dollars,/

or if⌒you acquired more than 400 US dollars/ worth⌒of articles abroad,/

please declare them on the customs form.

3) Approaching(도착 20분 전에 실시)

방송문 예시

손님 여러분,/ 우리 비행기는 약 ○○분 후에 [도시+공항명]에 도:착하겠습니다.
[비앵기×] [도:차카겠습니다]

꺼내 놓은 짐들은/ 앞좌:석 아래나 선반 속:에 보:관해 주시기 바랍니다.
[쏘:게]

감:사합니다.

Ladies and gentlemen.

We are approaching/ ○○ airport.

At this time, We ask⌒you to/ please⌒store your carry-on items/

in the overhead bins/or under the seat in front⌒of⌒you.
[디]

Thank⌒you for your cooperation.

4) Transit Procedure(Approaching 방송에 이어서 방송)

방송문 예시

계:속해서 이 비행기로 ○○로 가시는 손님 여러분께/ 안내 말:씀 드리겠습니다.

○○ 공항에 도:착하면/ 모:든 짐을 갖고 내리시고/ 탑승권도 잊지 마:시기
[갇꼬]

바랍니다.

내리신 후에는/ 저희 지상 직원의 안:내에 따라 통과카드를 받으신 다음/

공항 대기 장소에서 잠 : 시 기다려 주십시오.
이 비행기의 다음 출발시간은/ 오후 ○○시 ○○분이며/ 탑승시간은 공항에서 알려 드리겠습니다.
감 : 사합니다.

Ladies and gentlemen.
Passengers continuing/ on to ○○ with us/ should take all your belongings with⌒you/ including boarding pass/ when you leave⌒the [디] airplane.
After leaving the [디] aircraft/ proceed⌒to the transit area.
Our scheduled departure time/ for ○○ is ○○ am/pm.
We will start reboarding/ in about ○○ minutes./
Please listen for a boarding announcement/ in the transit area.
Thank you.

5) Landing(도착 10분 전에 실시)

방송문 예시

손님 여러분,/ 우리 비행기[비앵기×]는 곧 : 착륙[창뉵]하겠습니다.
좌 : 석 등받이[등바지]와 (발 받침대[받침때]),/ 테이블을 제 : 자리로 해 주시고,/ 좌 : 석벨트를 매 : 주십시오.
또한 비행기가 완전히 멈춘 후/ 좌 : 석벨트 표시등이 꺼질 때까지/ 전:자기 : 기의 전 : 원을 꺼 주시기 바랍니다.
감 : 사합니다.

Ladies and gentlemen.
We will be landing shortly.
Please/ fasten your seatbelt,/ return your seat/ and tray table/ to the [디] upright position,/ and open your window shade.
Also, Please discontinue the [디] use⌒of/ electronic devices/ until the captain has turned⌒off the seatbelt sign.
Thank⌒you.

현장 사례

사례 내용

결론부터 말씀드리자면, 분명 저는 김포행 비행기를 탔는데 방송에서는 몇 분 후 인천공항에 도착한다는 기내 방송을 하더군요. 보통 그러면 다시 정정하던데 이번엔 아니더군요. 국내선이라 긴장을 푸셨는지… 방송 자체도 어투가 성의 없고 내용도 실수하고… 방송을 하지 않는 편이 나을 뻔한 거슬리는 방송이었습니다.

발생 원인

- 기내 방송도 서비스의 한 부분임을 인식하지 못하고 성의 없이 기내 방송을 실시했음
- 잘못된 방송에 대한 정정 방송을 실시하지 않아 정확한 정보를 전달하지 못했음
- 방송 전담 승무원 이외의 승무원이 매 기내 방송 시 실시해야 하는 모니터링 절차를 준수하지 않았음

해결 방안

- 방송 전 해당 방송의 정보 전달을 명확히 하기 위해 목적지, 비행시간 등의 비행 정보를 올바르게 숙지하고 방송에 임해야 함
- 모든 방송은 성의 있게 방송하여 승객들의 신뢰를 얻을 수 있도록 노력해야 함
- 방송 후 방송 전담 승무원 이외에 승무원들의 모니터링 결과를 반드시 확인하는 습관을 가지도록 함

잠깐! 점검해 볼까요?

01

기내 방송의 이해

1. 기내 방송의 종류를 서술하세요.

2. 기내 방송 시 유의사항을 서술하세요

02

한국어 기내 방송 연습

1. 보잉사 기종의 핸드셋 이용방법을 서술하세요

2. 올바른 발음과 장음을 연습해 보세요.

03

영어 기내 방송 연습

1. 에어버스 기종의 핸드셋 이용방법을 서술하세요.

2. P와 F의 발음을 구분하여 연습하세요.

3. R과 L의 발음을 구분하여 연습하세요.

4. B와 V의 발음을 구분하여 연습하세요.

04

목적지 도착 안내 방송

1. 발음, 장음, 억양, 악센트, 속도, 크기에 유의하여 Farewell 방송을 실시해 보세요.

2. Farewell 방송을 날짜와 시간을 넣어 다양하게 연습해 보세요.